KB107966

출판하고 싶은
너에게

출판하고 싶은
너에게

출판사에 프러포즈하는 법!

조선우 지음

출판으로
'끝과 시작'을 꿈꾸는
모든 '너'를 생각하며

작가의 말

**'제발,
이번엔 괜찮은
원고 하나만
걸려라!'**

자기가 저자로서 책을 출판하는 건 많은 사람의 로망이다. 물론 요즘에는 블로그나 전자책 등 글을 쓰고, 남들에게 보여줄 곳이 많긴 하다. 하지만 종이책 출판이라는 갈망은 그걸로는 채워지지 않는 뭔가가 있다.

사람은 손에 뭔가가 잡혀야 실감이 나는 법이다. 사실 블로그나 전자책은 실체가 없기에 책을 냈다고 해도 뭔가 허전하다. 그래서 책을 내고 싶은 사람은 대다수가 종이책을 출판하고 싶어 한다.

내가 출판계에 들어온 지도 20여 년 다된 것 같다. 나도 출판사에 다니기 전까지는 내 이름이 저자로서 실린 책을 한번 내보는 게 꿈인 적도 있었다. 청소년 때 문학 소년, 소녀였던 기억이 있는 사람이면 으레 자기 이름 석 자가 표지에 선명하게 박힌 책을 내보는 게 꿈인 경우가 많다.

출판사에서 편집, 기획 일을 하다가 내 출판사를 열어서 일해온 지도 벌써 7년 차가 넘어섰는데, 출판해달라는 원고가 꽤 들어온다. 매일 회사 이메일로 들어오는 원고들을 검토하면서 드는 첫 느낌은 '안타까움'이다. 출판사는 출판할 원고를 간절히 기다리고, 초보 작가들은 기원과 기대를 담아서 원고를 보낸다. 그러나 수요와 공급이 맞지 않는다. 상품이 될 만한 원고를 거의 찾아볼 수 없는 게 현실이다.

그 원고들을 검토할 때면 '제발, 이번엔 괜찮은 원고 하나만 걸려라!' 이런 심정이다. 마치 로또를 맞춰볼 때 숫자가 하나도 잘 안 맞듯이, 상품으로 팔릴 만한 원고는 거의 찾아볼 수 없다. 100명이 원고 투고를 해오면 하나를 건질까 말까 한다. 참으로 안타까운 일이다.

그래서 기다리다 못해 내가 나섰다. 어떤 원고를 출판사가 좋아할지, 어떤 원고를 보내야 출판이 될 수 있을지 누군가 아주 솔직하게 말해줄 필요가 있다는 판단에서다. 그것도 출판 현장에서 오랫동안 일해왔던 사람이 진정성을 갖고 진심으로 말해주는 게 중요하다.

✱ 우리의 목표는 자기 이름 석 자 박힌 '상품이 될 만한' 종이책을 출판하는 것

_____ 여기서 나는 때로는 아주 솔직하고 직설적으로 '출판사에 프러포즈하는 법'에 대해 말해볼까 한다. 미리 주의 사항을 말하겠다. 마음이 약한 사람이나 임산부는 읽지 않는 게 좋을 수도 있다. 많이 자제하겠지만, 때로는 독설처럼 들릴 수도 있으니, 감당할 자신이 없는 사람은 여기서 읽는 걸 멈추길 바란다. 그 감정의 상처는 내가 책임질 수 없으니까.

하지만 정말 책을 출판하고 싶은 사람이라면 끝까지 읽기 바란다. 현실을 파악하고, 정세를 분석하는 게 목표를 달성하기 위해서는 꼭 필요하고 중요한 일이다. 항상 달콤한 것만이 좋은 건 아니다. 달콤한 음식들이 결국 이를 썩게 하듯이, 좋은 말과 달래기만 하는 방식은 우리의 꿈을 신기루로 만들어버릴 수도 있다. 나는 이제부터 아프지만, 강하게 꿈을 실천해나가는 방법을 안내하려고 한다.

이 책의 형식은 연인에 대한 프러포즈 형태가 되겠지만, 그 내용은 아플 수도 있다. 흔히 사랑에 처음 빠지면 달콤하지만, 혼자 하는 사랑은 결국 쓰린 것처럼 이 책도 때로는 달콤하고 연애편지 같을 수 있지만, 가슴이 아플 수도 있고, 자존심을 건드릴 수도 있으니 단단히 마음먹기 바란다.

그러나 목표는 '너의 책'을 출판하는 것이다.

그래서 이 책은 출판하고 싶은 모든 '너'에게 내가 프러포즈하는 것이다.

출판사도 '너'를 간절히 원하고 기다리니까.

덧붙이자면, '당신', '그대'라는 호칭 대신 '너'라고 부르는 건 우리가 서로 얼굴을 가까이하고 무릎을 맞대고 앉아 속 깊은 대화를 나누자는 의미에서다.

2019년 3월
파주 운정 작업실에서
조선우

Contents

PART 3
사랑하는 자기와의 출판 기획 상담

단단히 마음먹기 바란다.
그러나 목표는 '너의 책'을 출판하는 것이다.
그래서 이 책은 출판하고 싶은 모든 '너'에게 내가 프러포즈하는 것이다.
출판사도 '너'를 간절히 원하고 기다리니까.

PART 1

출판사 문을
두드릴 때

출 판 사 에 프 러 포 즈 하 는 법 !

1

작가, 그 이름과 짝사랑에 빠지다!

너는 첫눈에 누군가에게 사랑에 빠져본 적이 있는지. 일생을 살면서 첫눈에 반하는 사람을 만날 확률은 얼마나 될까. 아마 평생 첫눈에 반하는 사람을 못 만날 수도 있을 거야. 대부분 상대를 알아가면서 사랑을 느끼고, 결혼하겠지.

첫눈에 반하는 사람과 결혼하는 사람은 알고 보면 그리 많지 않을 것 같아. 그만큼 첫눈에 반한다는 건 어쩌면 참 축복받은 일일지도 모르지. 하지만 그게 혼자만 첫눈에 반하면 문제는 심각해질걸. 그때부터 상사병이 시작되는 것이니까. 바로 짝사랑!

그런데 이 '작가'라는 말도 마찬가지인 것 같아. 청소년기 무렵 누구나 감성이 충만할 때, 한 번쯤 시를 끄적이고, 연애편지를 써본 적이 있을 거야. 그런데 거기서 그치지 않고, 평생 '작가'라는 이름을 오매불망 그리워할 운명에 빠진 사람도 있지. '작가'라는 그 자리, 그 이름이 자기 안으로 가득 들어온 것, 바로 첫눈에 반한 거야!

이런 사람들은 호시탐탐, 시시때때로 기회를 노리지. 작가가 될 방법을 찾는 거야. 그중 가장 일반적인 방법이 출판사에 메일로 원고를 투고하는 거지. 다행히 출판관계자를 지인으로 두고 있으면 좀 더 수월해지긴 하지만, 그게 누구에게나 흔한 일은 아니야.

내 주변에도 예전부터 책을 늘 출판해달라고 부탁하는 지인들도 있었어. 그런데 출판한다는 게 간단한 문제는 아니지. 바로 돈이 드니까! 그것도 많이 드니까.

✽ 작가는 낭만, 출판은 현실

____ 우리가 연애는 낭만이고, 결혼은 현실이라고 말하듯이, 출판도 마찬가지야. '작가가 되고 싶다'거나 작가라는 운명을 짝사랑하기 시작하는 건 어디까지나 혼자만의 상상이고 꿈이지. 그런데 실제로 그 꿈이 현실이 되려면 바로 '돈'이 관계하는 거야. 그래서 출판이 어려운 것이지. 자, 그래, 출판은 돈이야! 이게 핵심이야. 자본주의 사회에서 뭔들 돈과 연관이 안 되겠는가, 하고 반문하는 사람도 있겠지만, 그래, 역시 책도 돈이야.

극단적으로 말해서 내 돈을 탕진하냐, 네 돈을 탕진하냐, 그것이 문제일 뿐이지. 자비출판을 하면 작가 돈이 나갈 것이고, 일반 출판을 하면 출판사가 그 제작비를 책임져야 하는 거지. 출판사에 따라 다르고, 제작 사양에 따라 다르지만, 책 한 종을 출판하는 데에는 최소 중고 자동차 한 대를 살 돈이 들어갈 수도 있어. 그것도 중형급으로. 그러니 책을 낸다는 게 간단한 문제는 아니야.

그런데 책을 만들어서 그게 팔리면 문제는 없지. 하지만 팔리는 책을 만드는 게 어려운 일이야. 특히 요즘처럼 나라 경제 전체가 불황이고, 더욱이나 출판 시장은 매년 불황의 더 깊은 곳으로 빠져드는 이때! 더 말하면 사족일 터.

참고삼아 과거를 잠시 회상해보자면, 내가 처음 출판사에 들어가 일할 무렵에는 그래도 대충 책 하나 만들어 내놓으면 일 년 안에 2, 3쇄는 나갔어. 그런데 요즘은 1쇄가 나가도 다행이라고 다들 생각해. 1쇄는 과거에는 3천 부 기준이었는데, 요즘은 2천 부 기준이야. 그것도 많다고 생각하는 출판사는 1천 부를 찍는다고 해. 내가 말하는 것은 중소형 출판사 기준이야.

✽ 사랑도 돈이 있어야 이뤄지는 법

_____ 혹자는 왜 처음부터 '돈, 돈······'거리냐고 불평할 수 있겠지만, 현실을 알아야 원고가 왜 쉽사리 선택이 안 되는지 알 수 있지. 그래서 듣기 싫고 불편하더라도 '돈, 돈'이라는 이 말을 잘 새겨들어야 하는 거야. 출판사들이 왜 '너'의 원고를 채택해주지 않는지, 네

원고가 왜 출간이 안 되고 있는지 정확하게 그 이유를 알아야 할 것이 아니겠어?

자, 귀를 쫑긋 세우고 잘 들어봐. 일단 책 한 종을 출판해서 1쇄 정도는 6개월 안에는 나가줘야 제작비를 그나마 보전할 수 있어. 그렇다고 출판사가 떼돈을 버는 것도 아니고, 겨우 손해만 면할 뿐이야. 그런데 아시다시피 요즘 그 누구도 책을 잘 안 읽는 대한민국에서 1쇄 나가는 게 그리 쉬운 일인가.

너도 한번 생각해 보길. '이름도 몰라요, 성도 몰라…….' 그런 작가의 책을 누가 서점에 가서 고르겠는가, 이 말이야. 독자일 때와 작가일 때가 이렇게 다른 것이지. 네가 책을 쓰고 작가라는 이름을 처음으로 올릴 책을 내고자 할 때는 호기가 하늘을 찌르겠지. 책만 내기만 하면 세상 사람들이 다 흥미를 느낄 것 같고, 기자들도 개떼처럼 덤벼들 것 같지? 이런 책은 너만 쓸 수 있고, 넌 정말 숨겨진 강호의 검객이 아닌가 싶을 정도로 흥분이 될 거야.

그래서 참으로 뻔뻔하게! 완성도도 없는 원고를 출판

사에 투고하는 것이지. 차마 상품으로 만들 기본적인 틀도 안 갖춘 원고를 메일로 보내놓고는 가슴 두근거리면서 밤잠을 설친다, 이거야! 그리고 답이 없으면, 세상이 천재적인 작가를 알아보지 못한다고 한탄할 것이지. 물론 이 정도로 자기 세상에 빠진 사람만 있는 건 아닐 테지만, 어쨌든 호기롭게 투고한다는 거지. 이게 매일 출판사 메일함에 원고들이 쌓이는 이유일 거야.

그렇지만 가장 낭만적이라고 할 수 있는 사랑도 요즘 세상에는 돈이 있어야 이루어지는 법! 사랑했다가도 돈이 없으면 갈라서는 게 당연시된 지 오래야. 돈이 있어야 사랑도 지킬 수 있는 세상이 되어버린 거지. 그러니 책도 당연해. 그렇지 않겠어? 돈이 될만한 원고를 보내야 선택되는 것이지. 최소한 금전적 피해는 안 입히는 원고라야 출판될 수 있는 거야.

우리는 바로 이 지점에서 출발해야 한다는 것이지. '너'의 원고로 출판사에 프러포즈할 때 간절함이 이루어지는 바로 그 출발점 말이야!

✻ 짝사랑으로 그칠 것인가, 사랑을 이룰 것인가

____ 작가, 그 이름과 짝사랑만 계속할 거야? 아니면 정말 자기 이름 석 자를 책 표지에 떡 하니 올릴 거야? 그걸 선택하려면 너는 정신을 바짝 차려야 해. 나중에 뒤에서 자세히 말할 기회가 있겠지만, 글쓰기 교실 같은 데 가서 형식적인 것만 배운다고 그 짝사랑이 끝날 것이라는 기대는 하지 말기를.

누구 말마따나 책을 만들긴 쉬워도, 팔릴 만한 책을 만드는 건 어려운 법이지. 글도 마찬가지야. 쓰긴 쉬워도 팔릴 만한 글을 쓰긴 어려운 일이거든. 이걸 최소한 이렇게 바꿔 보겠어. 글을 쓰긴 쉽지만, '손해 보지 않을 정도의 상품으로' 만들긴 어렵다고. 책을 내고 싶다면, 이걸 맨 처음 머리에 새기기 바랄게.

남의 돈이라고 쉽게 생각해선 안 되는 거야. 네 돈이 아니고, 출판사 돈이라고 마음 놓고 원고는 엉망으로 써 놓고 당당하게 책을 내달라고 메일 보내는 후안무치는 그만두어야 하지 않을까.

책을 내고 싶다면, '작가'라는 이름을 짝사랑한다면, 작가가 정말로 되고 싶다면 앞으로 내가 하는 말에 정말 귀 기울이길 바랄게. 혹여 그 맛과 느낌이 쓰고, 쓰라리고, 불편하고, 좀 억울하더라도 말이야. 끝까지 잘 참고 듣는다면 출판사도 오매불망 기다리고 있는 '상품이 될 만한' 원고를 바로 '네'가 쓸 수 있을 거니까.

서론이 너무 길다고? 그럼 막 달려야 하는 건가. 급하더라도 실을 바늘허리에 매어 쓸 수 없다는 말도 있듯이, 기승전결이 있어야 논리도 전달이 되는 법이야. 좀 기분이 나빠지기 시작했다고? 네가 출판사 돈을 탕진한 적도 없다고? 그래서 억울하다고? 싸잡아 그런 후안무치로 취급받는 게 자존심이 상한다고?

아직 시작도 안 했어. 맛보기로 현실을 단지 이야기해 주었을 뿐이야. 네가 프러포즈하는 대상인 출판사의 상황을 알아야 너도 대처할 것 아니겠어? '지피지기면 백전 백승', 굳이 이런 고사성어를 운운하지 않아도 조급해하지 말길. 이제 겨우 시동을 슬슬 걸려고 한 것뿐이니까.

늘 메일함을 열 때마다 빼곡하게 적힌 원고들을 볼 때면 헛고생만 실컷 하는 너를 상상하면서 가슴이 아프곤 했어. 그리고 출판하고 싶은 그 애절함과 간절함이 적힌 메일 내용을 보면서 오늘도 너의 프러포즈를 거절해야만 하는 내 심정은 너무 애달팠지. '사랑하지만, 너의 프러포즈를 거절하는 날 용서해줘' 매번 이렇게 답장을 쓸 수도 없는 것 아니겠어?

나도 너무나 원고를 간절히 기다리는데, 널 기다리는데, 매번 헛발질만 하는 널 바라보는 내 마음은 어떻겠니. 그러니 내 말이 너무 쓰다고 툴툴대지 말고 끝까지 인내심을 갖고 잘 들어봐.

출판사는 항상 좋은 원고가 고프지. 상품이 될 만한 원고가 고파. 왜 몰라주는 거야. 너도 이제 헛고생 그만하고, 돈 되는 원고, 상품이 될만한 원고, 출판사가 기다리는 원고, 독자들이 원하는 원고를 써서 보내줘. 혼자만의 세상에 빠져 허우적거리지 말고.

네게 보내는 첫 '러브레터'를 여기서 마치련다. 독했니? 독한 약이 몸에 좋은 법이야.

자, 그럼 다음 내 고백을 기다리렴. 독한 만큼 널 사랑해. 사랑하니까 이런 글도 쓰는 것 아니겠어?

독한 사랑, 지독한 사랑, 그걸 한번 느껴봐.

그게 내 사랑 방식이니까!

이것만 알아도
넌 작가 겸 편집자

출판사에 원고를 보낼 때는 화장은 아니더라도 단장은 하고 와야 좋겠지. 백 퍼센트 완벽하게 맞춤법이 정리된 원고는 아니더라도 최소한 눈에 띄는 기본적인 사항만 점검해도 준비 끝!

자, 여기서는 많은 사람이 잘 모르고 지나치는 맞춤법에 대해서 정리해 볼게. 이제까지 20여 년 동안 다른 사람의 원고를 보면 늘 틀리는 곳만 틀려. 사람마다 틀리는 패턴이 있지. 그래서 항상 틀리는 그 몇 가지만 알고 있어도 원고가 마치 세수를 한 듯 깨끗한 얼굴이 되는 법이거든. 지금부터 말하는 건 대다수가 잘 모르는 거야. 기성 작가도 잘 모를 수 있는 맞춤법.

앞에서 내가 쓴 문장을 하나 갖고 와 봤어. 밑줄 친 곳을 잘 봐. 사람들이 흔히 실수하는 것이지. 문장을 쓸 때 자꾸 이중 과거형을 붙여. 영어의 대과거형처럼. 우리 글에는 대과거형이 없어! 이것 하나만 기억해도 네 글은 말끔하게 세수를 한 거야. 그러니 잊지 마. 습관처럼 붙이게 되는 대과거형. 우리 말은 영어 문법이 아니야. 마치 안 붙이면 뭔가 빠진 듯 섭섭해서 자꾸 붙이게 되는 그런 실수나 잘못이지.

그런데 습관을 고쳐야지. 멀쩡한 글을 땟국이 흐르게 만들 수는 없지. 어떤 사람은 자꾸 쓰던 대로 쓰겠다고 고집을 부리기도 해. 그게 말이야, 방귀야. 이해할 수 없는 족속이지.

아니, 어쩌면 그건 개인의 고집보다는 우리나라 전체가 그럴 수도 있지. 그게 바로 고정관념, 익숙한 걸 포기 못 하는 것, 틀린 걸 알면서도 굳이 그대로 가겠다는 똥고집이지.

하지만 틀린 건 틀린 거고, 아닌 건 아닌 거야. 그러니 네 글이 아주 간결하면서 세련되려면 일단, 이 땟물부터 빼고 와. 알았지?

너도 한번 저 두 문장을 가만히 소리 내서 읽어봐. 어느 것이 더 날렵한지.

그럼 쉬어가면서 간단한 정보도 얻어 가는 이 자리는, 이만 안녕. 또 봐!

2

**자기야,
프리포즈할 때는
이런 점을
주의해야 해**

사랑하는 너에게. 미래의 작가에게. 너에게 두 번째 러브레터를 전한다.

작가라는 대상에게 짝사랑에 빠져 있을 때 무조건 들이대는 건 정말 제일 하지 말아야 할 일이지. 사람 사이의 연애에서도 그렇잖아. 첫눈에 반했다고 무턱대고 감정을 고백했다가는 퇴짜 맞기 좋은 법이지.

사랑도 전략이 있어야 해. 뭐? 사랑은 순수해야 제맛이기에 그냥 전략 같은 건 다 필요 없다고? 아냐, 아냐. 그건 순진한 발상이지. 그런 순수함과 순진함 덕분에 사랑하는 사람을 다 놓친다면 순수와 순정이 도대체 무슨 가치가 있겠어? 일단 첫눈에 반한 상대가 있다면 그 사람을 잡는 방법을 생각해야지. 그게 진짜 사랑을 이루는 지름길이야.

사랑하면 일단 이성을 잃어버리지. 판단력도 잃어버리고 말이야. 평소에는 정말 냉철하고 판단력이 좋았던 사람도 일단 사랑에 빠지면 갈팡질팡, 이랬다저랬다 그 대상에게 쩔쩔매는 법이지. 사랑은 '권력 게임'이라는 이야기도 있듯이, 우린 이럴 때일수록 좀 더 냉정해질 필요가 있어. 물론 사랑에 빠져버리면 이런 충고도 아무 필요가 없어진다는 건 알고 있지, 누구나 사랑에 빠져본 사람이라면 말이야.

그러나 평생 한두 번 올까, 말까 하는 그 강렬한 느낌의 상대를 놓치는 비극을 맞이하는 것보다는 차라리 전략을 세워서 그 사랑을 얻어 일평생 행복해지는 편을 택하는 게 현명해. 그러니 이제부터 정신 바짝 차리자.

자, 너는 작가라는 이름에 프러포즈할 때 주의할 점을 지금부터 잘 들어봐. 일반적으로 출판사에 메일을 보낼 때 말이야. 서점 매대에 진열된 책들의 출판사 메일 리스트를 뽑아서 무더기로 보내는 사람이 있지. 하지만 정말 그 출판사에서 네 원고를 성의있게 보기를 원한다면 너 먼저 스스로 진정성을 보여야 하지 않겠어? 그렇게 공장에서 갓 찍어낸 인스턴트 음식처럼 메일을 보낸다면 너 역시 출판사에게는 인스턴트 존재로밖에 보이지 않을 거야.

프러포즈할 때 기본 중의 기본은 진정성과 휴머니즘이지. 한 출판사, 한 출판사에 최소한 따로따로 메일을 써서 보내는 건 기본적인 자세이겠지. 그 정도 수고도 하지 않고 자기 글을 성의 있게 봐달라는 건 놀부 심보 아니겠어? 자기도 제대로 성의를 안 보이면서 왜 상대에게 그걸 요구하는 거지? 기본부터 다시 생각해.

✽ 너의 향기에 알맞은 이름으로

_____요즘은 출판사에 오는 메일 내용이 마치 국화빵 찍어내듯이 매우 닮아 있어. 그리고 항상 메

일 끝에는 홍보용으로 200부, 또는 300부를 구입하겠다는 내용이 적혀 있어. 도대체 어느 글쓰기 교실에서 그렇게 가르쳤는지 모르겠지만, 이런 메일을 받으면 솔직히 아주 불쾌해. 물론 요즘 같은 불황에 저자가 그 정도 구매를 하겠다는 것이 달콤한 유혹으로 느껴지는 출판사도 있겠지.

하지만 마치 선심 쓰듯이 그런 식으로 적어 놓은 메일을 보면 때로는 역겨운 적도 있어. 마치 싸구려 커피를 마신 듯, 싸구려 냄새가 물씬 나는 느낌이 들거든. 그렇게 선심 쓸 거면 고작 200부, 300부야? 까짓것 기왕 사려면 1천 부 정도는 사줘야 하지 않겠어? 2, 3백부로 출판사의 자존심을 사려고? 그게 작가가 되겠다고 원고를 보내오는 사람의 마인드인 거야? 원고를 투고하는 작가가 그 정도밖에 안 되는데, 과연 정신이 똑바로 박힌 출판사라면 그 사람과 계약하고 싶은 기분이 들까?

가끔은 그런 생각도 들지. 얼마나 자신의 원고에 자신이 없으면 고작 2, 3백 부로 흥정을 하려고 들까. 그 얄팍한 마음 씀씀이에 구토가 느껴지지. 진정성이 전혀 느껴지지 않는 프러포즈인 셈이야.

유명한 영화 대사에 이런 말이 있지.

"우리가 돈이 없지, '가오'가 없냐!"

그런 알량한 부수로 출판사를 시험하려는 태도는 아주 저급한 프러포즈야. 물론 그 방식이 먹히는 출판사도 있겠지. 솔직히 나도 바로 한 발자국만 뒤로 가면 절벽일 때는 그 유혹의 미끼를 물고 싶을 때도 있어. 하지만 내 자존심이 허락하지 않지. 고작 2, 3백 부로 출판의 가치와 맞바꿀 수는 없는 법이지.

우리가 전략적으로 상대에게 접근할 때도 휴머니즘으로 갈 수는 있지만, 비굴하게는 가지 말아야 해. 세상에서 제일 좋지 않은 프러포즈 자세는 '비굴함'이지. 비굴한 사람의 프러포즈를 받아줄 사람은 아무도 없어.

아, 그럼 또 이렇게 말하겠지. 그렇게 해서 많이 출판했다고. 그래, 출판이야 하겠지. 하지만 결국 그 작가가 성공했어? 제대로 평가를 받았냐고. 그리고 종이나 인쇄의 질과 디자인, 편집 등이 제대로 된 건지 확인했어? 아 참, 아직 초짜라 그런 걸 구별할 수 있는 안목이 없다고?

그래, 모르는 게 약이지. 그냥 출판만 하는 건 내가 늘 말했잖아. 그저 대학가 근처 작은 제본소에서 원고를 복사해서 주변 지인들에게 돌리는 게 훨씬 낫다고. 그거랑 뭐가 그리 다른지 난 잘 모르겠거든.

✱ 사랑에도 품격이 있다!

_____ 프러포즈할 때 주의할 점은 또 있어. 사랑에도 품격이 있듯이, 프러포즈에도 격이 있어야 해. 그렇다고 예의 없이 건방을 떨라는 이야기는 절대 아니야. 예의를 갖추되, 품격은 잃지 말아야 해.

출판사에 메일을 보낼 때는 너무 매달리는 식으로 내용을 쓰면 안 된다는 거야. 자신의 글은 곧 자기 자신이야. 메일에 첨부된 원고를 보기 전에 맨 먼저 대면하는 것이 바로 너의 메일이지. 그 글을 보면 사실 첨부 파일을 열어서 원고 내용을 보지 않아도 벌써 알아차릴 수가 있어, 그 글의 품격을.

그런데 요즘 출판사에 오는 많은 원고 투고 메일은 어

쩌면 그리 내용이 같은지. 기승전결 그 패턴이 한 사람 글처럼 똑같아. 쌍둥이야. 어떻게 그리 닮을 수가 있지? 결국 글쓰기 교실에서 배운 그대로 규격에 딱 맞게 써 보내는 거지.

참 답답해. 출판이 뭐야? 작가가 뭐야? 글이란 게 뭐야? 기본이 창의성이잖아. 그런데 메일 내용이 그렇게 판에 박힌 듯, 똑같이 적어 보내는 사람의 원고를 채택해서 지금 내달라는 이야기잖아. 이게 말이야, 방귀야? 하도 기가 막혀서, 나도 요즘 유행하는 말투 한번 흉내 내 봤어.

정말 아이러니한 이야기지? 생각을 좀 하고 메일을 보내. 프러포즈하는 데 왜 생각을 안 하지? 그러고도 지금 작가가 되겠다고, 책을 내고 싶다고 메일을 보내는 거야? 메일 내용도 붕어빵처럼 똑같이 적는 작가가 쓴 책을 출판해서 얼마나 팔겠다고, 그 원고를 택하겠냐고. 아, 답답해. 정말 매일 오는 메일을 보면 속이 터질 것만 같아. 왜 글쓰기 교실에서는 이런 기본적인 것도 가르쳐주지 않는지 정말 이해가 안 돼.

나는 그런 붕어빵 같은 메일은 쳐다보지도 않아. 첨부된 파일도 제대로 열어보질 않아. 글쓰기 교실에서 오는 메일은 일단 패스를 하는 편이지. 왜냐하면 작가는 틀에 갇히는 순간, 그 생명력은 없어지는 법이니까. 생기가 없는 글은 이미 죽은 것이야.

그런 책을 출판하는 순간, 같이 자살골을 넣는 격이지. 제대로 출판해도 될까 말까인데, 그런 미친 짓을 왜 하겠어?

이런 메일에 실린 원고도 옳다구나 하면서, 고작 2, 3백 부의 미끼를 덥석 무는 출판사가 있다면 그건 그쪽 사정이고. 어쨌든 남의 사정은 모르겠지만, 정말 생명력이 있는 책을 출판하고 창의력이 있는 작가와 작업하고 싶은 마음이 있다면 글쎄, 정말 글쎄야. 나머지는 네가 알아서 잘 생각해 보길.

일단 여기까지만 말할게. 프러포즈할 때 가장 주의할 점, 우선 생각나는 것만 적어봤어. 하나를 가르쳐주면 열을 알아야지? 나머지는 같은 맥락에서 잘 생각해 보길. 그럼 이제 다음 장에서 우리 만나볼까?

너무 솔직히 말해서, 네가 기분이 몹시 상했겠지만 그래도 우리는 앞으로 나아가야 해. 그래야 '진짜 사랑'을 만날 수 있을 테니까.

자, 가보자!

글에서
'비굴 모드'는 NO!

메일이나 글을 쓸 때 지나치게 자신을 낮추는 사람들이 있지. 예를 들면, 원고를 보내올 때 메일 내용 중에 이런 말이 들어가.

"제 글이 비록 부족하지만, 잘 검토해주시길 바랍니다."

난 이런 메일을 볼 때마다 그런 생각이 들지. 그렇게 부족한 걸 알면서도 왜 보냈을까. 사람, 놀라나! 물론 이건 내가 좀 과격하게 표현한 것이고, 네가 충격받으라고 한 말이야. 하여튼 이런 식으로 자기를 지나치게 낮춰서 메일을 보내는 건 겸손이 아니야. 또 심하게 말해 볼까? 네가 정신 바짝 차리게. 마음속에는 있지만, 아무도 직접 해주지 못하는 말을 내가 해주지.

"부족한데 뭐 어쩌라고! 그런데 왜 보냈어?"

이렇게 소리 질러 주고 싶어. 자기 자신조차도 확신이 없는 원고를 왜 보내니? 우리나라에서 지나친 겸양 문화가 사람을 망치지. 어차피 너도 상품이고, 네 글도 상품으로 만들어 달라고 지금 보낸 거잖아. 그런데 자기를 홍보해도 모자랄 판에, 첫 분위기부터 왜 자기 자신을 까고 그러냐. 읽기가 딱 싫어지잖아. 습관처럼 '겸손 모드'는 이제 그만! 자칫하면 겸손이 아니라, '비굴 모드'로 보여. 이젠 자신감을 가져. 아니면 원고를 보내지 말든가!

이런 자세는 메일을 쓸 때뿐만 아니라, 실제 원고를 쓸 때도 마찬가지야. 자꾸만 겸손한 자세로 가는 거지. 예를 들면, 다음과 같은 글이야. 내가 일부러 비굴한 자세로 앞에서 쓴 글의 뒷부분을 다시 한번 써봤어.

글도, 너도 비굴해지지 마!

→ 프러포즈할 때 기본 중의 기본은 진정성과 휴머니즘이지. 한 출판사, 한 출판사에 최소한 따로따로 메일을 써서 보내는 건 기본적인 자세이겠지. 그 정도 수고도 하지 않고 자기 글을 성의 있게 봐달라는 건 놀부 심보 아니겠어? 자기도 제대로 성의를 안 보이면서 왜 상대에게 그걸 요구하는 거지? 기본부터 다시 생각해. **[원래 글]**

→ 프러포즈할 때 기본 중의 기본은 진정성과 휴머니즘이지. 한 출판사, 한 출판사에 최소한 따로따로 메일을 써서 보내는 건 기본적인 자세이겠지. 그 정도 수고도 하지 않고 자기 글을 성의 있게 봐달라는 건 놀부 심보 아니겠어? 자기도 제대로 성의를 안 보이면서 왜 상대에게 그걸 요구하는 거지? 하지만 모두 다 내 말을 귀담아들을 필요는 없어. 내가 한 말이 다 맞다고 할 수 없으니까. **[비굴 모드]**

이건 충격 요법으로 '비굴 모드'라고 이름 붙였지만, 사실 글의 '통일성'에 대한 문제야. 문맥의 흐름상 같은 논조를 유지해야지, 이랬다저랬다 하면 글의 힘이 약해져. 자기가 어떤 주장을 했다면 계속 같은 흐름으로 가야 해. 아니면 그 이야기를 시작도 하지 마. 그렇게 자신 없이 꼬리를 내릴 주장이면 하지도 마.

그런데 사람들이 글에서 흔히 하는 잘못이지. 스스로 잘 모르고 하는 실수일 수 있어. 이제부터는 각성해. 이런 식으로 비굴 모드로 가지 마. '비굴'이라는 단어에서 오는 느낌이 각인될 테니까, 이젠 통일성을 해치는 문장은 쓰지 않겠지.

그럼 쉬어가면서 간단한 정보도 얻어 가는 이 자리는, 이만 안녕. 또 봐!

3

'선택'의 기준은 어디에 있을까

오늘도 이 아침에 너에게 편지를 쓴다. 자신의 이름이 저자로 쓰인 책을 내고 싶은 너에게. 그런 너를 사랑하고 픈 나는 비가 오나, 눈이 오나, 바람이 부나, 항상 너를 그리며 메시지를 전한다.

아침마다 빼곡히 쌓여 있는 회사 메일함에 들어온 원고들. '안녕하세요, 〈○○○○〉 원고 검토 부탁드립니다', '안녕하세요, 〈○○○○○〉를 집필한 ○○○입니다', '〈○○○○〉 원고 검토 부탁드립니다', '[투고] ○○○○○ 원고 보내드립니다', '원고를 투고합니다.' 이처럼 비슷한 듯, 다른 듯 보이는 메일 제목들은 출판사의 '선택'을 기대하며 기다리고 있지.

열어보면 뻔한 이야기들, 그리고 나의 실망감. 또 나는 오늘도 너를 기대 너머로 보낸다. 너도 '선택'되기를 원하겠지만, 나 역시도 너를 선택하고 싶은 열망에 가득 차 있단다. 하지만 그런 너를 만날 수 없으니, 나도 안타까울 뿐.

사실 책 한 권 분량의 원고를 쓴다는 건 누구에게나 힘겨운 일이지. 잠자는 시간을 포기해야 하고, 놀고 싶은 마음을 억누른 채 일정 시간 이상은 책상 앞에 앉아 있어야 해. 또 급한 일도 뒤로 하고, 아까운 시간을 책 쓰는 일에 쏟아야 하지. 어디 그뿐이겠어? 어떤 이야기를 쓸지 고민하고, 좋은 문장을 쓰기 위해 자판을 몇 번이나 반복해 두드려야 하고, 아이디어를 짜내기 위해 머리를 움켜잡아야 할 때도 있어.

그런데 말이야. 내가 안타까운 건 이러한 노력이 때로는 무용지물이 될 수 있다는 거지. 아니, 더 솔직히 말해볼까. 내 눈에는 대부분 쓸데없는 노력을 다하고 있다는 거야. 출판사의 문을 두드릴 때는 이런 노력이 허사가 되지 않기 위해서라도 제대로 된 비전과 전략을 세워야 해. 그래서 내가 지금 이렇게 러브레터를 쓰고 있는 거고.

여러 번 말하지만, 출판사의 담당자들은 책이 될만한, 더 구체적으로 말해서 '상품'이 될만한 원고를 찾는 거야. 쓰는 건 누구나 할 수 있을지도 모르지. 하지만 최소한 1쇄는 나가줘야 제작비를 그나마 건지지 않겠어? 출판사가 자선사업가는 아니잖아. 또 그만큼 돈 있는 사람도 많이 없을 거야. 돈을 쌓아놓고 출판하는 사람이 얼마나 되겠어? 게다가 돈이 많은 사람일수록 더 무서운 법이지. 그건 살다 보면 너도 잘 알게 되는 일이잖아?

그렇다면 어떻게 해야 소위 '선택'이 될 수 있는 걸까? 나는 그 '최소한'에 대해 말해 볼까 해.

✱ 색깔 있는 글이 기본이다

_____ 글의 소재를 택할 때는 자기만의 '색깔'이 있어야 해. 그러면 너는 또 말하겠지. 글이 무슨 그

림이나 되냐고. 왜 색깔 타령하냐고. 그럼 나는 이렇게 강하게 되받아치고 싶네. 자, 이 '은유'적 표현을 제대로 이해하지 못하면, 일단 너는 글을 쓰지 마! 작가는 글이나 말로 단어를 사용할 때 기본적인 은유를 생활화해야 하는 사람이야. 그런데 이 기본적인 은유도 받아들일 수 없는 마음의 프리즘을 가진 사람이라면 글 쓰는 일은 그만둬야지. 그런 사람들에게는 "꿈 깨!"라고 말해 둘게.

자, 그럼 이렇게까지 내가 말했으니, 이제 좀 마음의 문을 열고 이야기를 들어봐. 그래야 네가 두드리는 출판사 문도 열리지 않겠어?

누구나 쓸 수 있는 글은 네가 쓸 글은 아니야. 자기만 가진 비밀병기를 풀어내야지. 정말 글쓰기 교실을 또 뭐라고 야단치지 않을 수가 없네. 딱히 어디라고 말은 하지 않을게. 그런데 어느 글쓰기 교실에서 몰려오는 원고 투고 메일들은 하나같이 '자기계발서'야.

다들 자기계발 못 해서 죽은 조상이 있는 거야, 뭐야? 왜 갑남을녀 모두가 하나같이 자기계발 원고만 들입다 보내는 거야? 우리나라에는 출판 장르가 자기계발밖에 없는 거야? 게다가 너무 무례한 게, 성의가 없다는 걸 알수 있는 것이 우리 책읽는귀족 출판사는 한번도 자기계발 장르를 출판한 적이 없다고! 그런데도 매번 자기계발 원고가 들어오는 걸 보면, 메일을 보낼 출판사를 단 한번도 탐색한 적이 없는 후안무치라는 셈이지. 내가 지금 너무 심하게 말한다고? 글쎄, 과연 그럴까!

그렇게 인위적으로 메일을 남발하지 말라고. 그러니 그 첫 순간부터 넌 이미 '아웃'인 거야. 원고를 보내려면 그 출판사 홈페이지라도 미리 한 번쯤 가서 탐색해 봐야 예의가 아니겠어? 예의를 떠나, 너 자신을 위해서 그건 전략적 접근의 첫걸음인 셈이야. 그것조차 안 하면서 텃밭에 똥 뿌리듯 자기 원고를 뿌려대니까, 어떻게 진정성을 찾아볼 수 있겠냐는 말이야.

게다가 '자기계발' 장르는 현재 우리나라 출판 시장의 흐름에도 맞지를 않아. 벌써 몇 년 전부터 독자들은 이런 종류의 책들에 지쳐 있어. 이게 모두 다 무분별한 자기계발서들이 쏟아져 나왔기 때문이지. 한창 자기계발서들이 잘나갔던 호시절은 벌써 다 지나간 거야. 그런데 아직도 뒷북을 치고 있다니. 이건 출판 시장의 다양화라는 대의명분을 다 떠나서 출판 전략에도 맞지 않는 거야. 이런 걸 왜 글쓰기 교실이라는 곳에서는 안 가르치냐는 거야. 안 가르치는 건지, 못 가르치는 건지. 아니면 자기들 편하려고 그냥 돼지우리 몰아넣듯 몰아서 쉽게 가려고 하는 건지. 역시 진정성이 없어, 없다고!

어떤 사람은 에세이를 쓸 수 있는 거고, 또 어떤 사람은 소설을 쓸 수 있는 거고, 또 누구는 인문서를 쓸 수 있는 거야. 또 누군가는 실용서를 쓸 수 있는 자기 비밀병기를 가진 사람도 있고. 모두가 자기의 특성에 맞는 이야기를 써내야지.

하나같이 자기계발서만 쓴다면 그게 국화빵처럼 틀에 박힌, 그저 그렇고 그런 원고밖에 더 되겠어? 자기 존재의 색깔과 향기에 알맞은 글을 쓰는 것이 가장 기본이야. 선택을 당할 때 개성 있는 글이 일 순위로 고려되는 기준인 거지. 소비되지 않았던 소재, 자기 색깔을 찾아야 해.

✲ 작가도 '편집의 기술'을 알아야

____ 자, 그리고 또 선택의 기준이 뭔지 말할게. 심하게 말해서, 책은 배설물이 아니야. 감정의 배설물도, 네 인생 이야기의 배설도 아니야. 적어도 상품이 될 만한 책은 다 그렇다는 거지. 네 일기장이 '그대로' 책이 될 수는 없어.

나는 작가도 '편집의 기술'을 활용해야 좋은 글을 쓸 수 있다고 생각해. 편집이라는 것은 일종의 낚시이지. 어부가 생선을 낚는 거라면, 편집자는 단어를 낚는 사람이야. '생각'이라는 낚싯대로 '단어'를 낚아서 재배열하는 것이 편집의 기술인 게지.

너도 이 '편집의 기술'을 글에 적용할 수 있어야 해. 사실 따지고 보면, 글을 쓰는 것도 편집의 기술인 셈이야. 네 머릿속에 있는 이야기를 생각이라는 가위로 자르고, 재배열해서 글을 쓰는 거잖아. 그러니 내가 앞에서 말한 대로, 일기를 '그대로' 출판할 수는 없지만, 일기를 '편집'해서 책을 만들 수는 있어. 네 감정의 배설물도 '편집'하면 상품이 될 만한 원고로 재탄생하는 거야.

그런데 어떻게 하면, 이 '편집의 기술'을 네가 숨 쉬듯 자연스럽게 활용할 수 있을까. 글쓰기 강의가 있을 때마다 늘 하는 말이지만, 한 번 더 이야기하겠어. 넌 처음 듣는 것일 수 있으니까.

네가 평소처럼 글을 쓰잖아. 그러고 나서 한 꼭지를 다 쓰고 나면, 넌 이제 '변신'을 하는 거야. 그리고 방금 써놓은 네 글을 마치 태어나서 처음 만나는 글을 보듯이 천천히 읽는 거지. 정말 넌 자기 최면을 잘 걸어야 해. 방금 그 글을 썼던 너 자신은 잊어버려. 깨끗이. 그렇게 말끔하게 비운 네 머리로 그 글을 읽으면서 넌 이제 작가가 아니라, 편집자가 되는 거야. 짜잔, '변신!'

그리고 네 글을 짜깁기하는 거야. 좀 더 효과적이고 마음에 와닿는 구절을 맨 앞으로 옮기는 거야. 한글 파일에서 너도 작업할 테니까, 그 구절을 오려서 복사해 붙이면 되는 거지. 항상 글은 첫 구절에서 독자의 마음을 훔쳐야 해. 큰 틀에서 책을 보자면 맨 첫 꼭지가 제일 중요한 것이고, 더 구체적으로 보자면 첫 파트의 첫 꼭지도 중요하고, 한 꼭지의 첫 문장도 중요한 거지. 가장 감정이

흔들릴 수 있는 구절을 맨 앞에 배치하는 걸 잊지 마.

사실 글뿐만이 아니잖아. 사람도 첫인상이 중요하지. 그래서 운명의 사람을 만났어도 '그놈의 첫인상' 때문에 그 사람을 놓칠 수도 있어. 혹은 무진장 노력을 해야 그 첫인상을 따라잡을 수 있는 거지. 그렇게 멀리 돌아가며 헛고생하지 말고 첫인상을 잘 챙기자고!

자, 이제 출판사 담당자에게 첫인상을 좋게 할 너의 글을 쓰러 출발해 볼까. 편집을 잘하려면, 독자의 마음을 흔들어놓을 첫 문장, 첫 구절을 잘 '선택'해야 해.

이제는 알겠지?

네가 '선택'당하려면, 네가 우선 '선택'을 잘해야 한다는 걸!

보조사만 잘 써도
감칠맛!

글을 문법적으로 바르게 쓰는 사람이 있지. 문장도 간결하고, 문맥도 맞고. 그런데 뭔가 허전해. 사람으로 치면 건조해. 재미가 없는 사람, 그리고 재미가 없는 글. 왜 그런 걸까?

이제까지 많은 사람의 글을 보면서 그 이유를 살펴보니까, 간단한 게 눈에 들어오더라고. 바로 보조사를 제대로 활용을 안 하는 거야. 그럼 이 '보조사'가 뭔지 정의부터 살펴보고 갈까. 국어사전에 보면, 다음과 같이 적혀 있어. 체언, 부사, 활용 어미 따위에 붙어서 어떤 특별한 의미를 더해 주는 조사. '은', '는', '도', '만', '까지', '마저', '조차', '부터' 따위를 보조사라고 한다.

이 보조사는 문장에 있어서 일종의 '양념'이야. 우리가 요리할 때 어떤 양념을 넣느냐에 따라 그 음식 맛의 분위기가 달라지잖아. 소위 맛의 때깔이 달라지지. 마찬가지로 보조사가 잘 들어가냐, 아니냐에 따라 글의 때깔도 달라져.

자기 글이 맹숭맹숭하고, 삭막한 사막 같은 느낌이 들면 보조사를 잘 활용해 봐. 자, 문장의 예를 한번 들어볼게. 보조사를 쓸 때와 안 쓸 때, 글의 분위기가 얼마나 달라지는지 한번 보자고.

'보조사'라는 양념만 잘 써도 넌 문장의 요리사!

나는 너를 사랑한다.   나도 너를 사랑한다.
나는 너만 사랑한다.   나도 너만 사랑한다.
나는 너까지 사랑한다.   나도 너까지 사랑한다.
나는 너마저 사랑한다.   나도 너마저 사랑한다.
나는 너조차 사랑한다.   나도 너조차 사랑한다.

자, 잘 봤니? '나는 너를 사랑한다'라는 이 기본 문장이 보조사 하나만으로도 어떻게 다른 느낌으로 변주되는지를. '(너)를'이라는 조사 대신에 '만', '까지', '마저', '조차'라는 보조사를 붙이니까, 문장의 느낌이 각각 완전히 달라지지? 이 간단한 사실만 기억해도 네 글은 양념이 잘 들어간 감칠맛 나는 문장이 되는 거야. 그리고 '(나)는'과 같이 이 평범한 조사 대신에 '도'라는 보조사를 붙이니까, 얼마나 또 다른 결을 가진 문장이 되니?

그러니까 이제 너도 보조사라는 양념을 잘 활용해서, 네 글에도 때깔을 입혀 봐. 감칠맛도 나게 하고. 이런 사소한 것만 첨가해도 네 글은 변신할 수 있어. 재미없던 네가 매력적인 사람이 되고, 말라빠진 식빵 같은 네 글도 촉촉해질 수 있지.

그럼 쉬어가면서 간단한 정보도 얻어 가는 이 자리는, 이만 안녕. 또 봐!

4

혼자만의 세상에 빠지면 안 돼

　사랑하는 너를 생각하면서 내가 꼭 하고 싶은 말은, '네가 보고 싶다!'는 거야. 정말 책으로 낼 만한 원고를 보내오는 널 만나고 싶다는 거지. 그러나 매일 매 순간, 내 메일함을 아무리 찾아 헤매도 그런 너를 만날 수 없다는 게 비극이야. 나의 슬픔이고, 너의 안타까움이기도 하지.

　자, 그러면 우리가 만날 수 있기 위해서 또 이야기를 계속 이어가도록 할게. 네가 출판사에 선택당하려면, 단어와 문장을 잘 선택해야 한다는 이야기를 앞에서 했잖아? 그 점을 잘 기억하고 있다면, 네 선택의 기준은 무엇

이어야 하는지 말할게.

책은 원고가 기본이지. 원고도 일단 글이야. 책을 내려면 다양한 장르가 있지만, 모든 글의 바탕에는 '휴머니즘'이 있어야 해. 난 이걸 '사람 냄새'라고 하지.

사람 냄새가 나는 글은 일단 살아 있어. 생명이 느껴지지. 독자와 공감대를 이루기가 쉬워. 왜냐하면 마음과 마음은 서로 통하는 법이니까. 누구든 마음을 열어서 그 문장과 단어와 숨 쉬듯 감정을 느끼면 글 속으로 빠져들지 않을 수 없을 테니까. 넌 글을 쓸 때, 그 작업에 신경을 써야 해. 독자의 감정선을 느끼면서 말이야.

네 책이라고, 네가 쓰는 글이라고 너 혼자 자기만의 감정에 빠져 허우적대다간 그냥 끝장나는 수가 있어. 그런 글은 너 혼자 일기장에나 쓰고, 출판사에 원고 투고랍시고 보내면 안 되는 거야. 너의 감정 배설물을 읽느라 아까운 시간을 허비할 출판사 담당자를 생각해 봐. 안쓰럽지 않니? 출판사 업무의 특성상 야근도 자주 해야 하는 마당에, 너의 배설물까지 다 챙겨야 한다는 건 너무 심하다고 생각지 않아? 최소한 읽을 만한 가치가 있는 글을 던져줘야 하지 않겠어? 그렇게 메일 주소를 끌어모아 텃밭에 퇴비 주듯이 막 뿌려대면 끝인 거야? 그런 거야? 그러면 네가 할 일, 다한 거야?

내가 지금 너무 심하게 말한다고? 그래, 어쩌면 그럴 수도 있지. 하지만 처지를 바꾸어서 생각해 봐. 너는 이제까지 한 번도 출판사 담당자 생각을 못 했을 수도 있잖아. 그러니 이번 기회에 맹자도 말한 '역지사지(易地思之)'를 다시 생각해 보는 거야. 『맹자(孟子)』의 「이루편(離婁編)」 상(上)에 나오는 '역지즉개연(易地則皆然)'이라는 표현에서 나온 말이지. 다른 사람의 처지에서 생각하라는 뜻의 이 말을 곰곰이 되새기면, 네가 선택당하는 일이 수월해질 거야.

✳ 초보 작가가
가장 저지르기 쉬운 잘못은

_____ 이제까지 10년을 넘어서 많은 작가의 글을 편집하다 보면 느끼는 점이 있지. 특히 초보 작가들

이 저지르기 쉬운 잘못을 많이 봐 왔어. 예전에 아주 좋은 소재로 글을 잘 쓰는 작가를 만난 적이 있지. 그런데 그 작가조차도 자신의 글에서 이 잘못을 유감없이 발휘하더라고. 결과부터 말해줄게. 이 책은 '소박'이 났어. 전국적 베스트셀러, 10만 부까지는 아니더라도 몇 만 부는 팔렸을 거야. 그러니 대박은 아니라도, 소박은 되지.

이 작가님은 아이와 관련된 책을 썼는데, 자기 자식 자랑을 은연중에 해놓은 거야. 엄마니까 당연한 거지. 자기 자식 자랑이야, 누구나 하고 싶은 게 부모 마음이지. 하지만 글을 쓸 때는, 더 나아가 팔릴 만한 책을 쓸 때는 그걸 조심해야 해. 그 책은 너만 읽는 게 아니고, 네가 아는 지인들만 읽는 게 아니고, 네 가족이나 친척들만 보는 게 아니야. 어디까지나 '상품'이지. 네가 선택될 그 출판사에 피해가 가면 안 되는 공식적인 상품이라는 거야.

그러니 넌 개인적인 감정에 휩쓸려 네 자식 자랑이나 너 자신의 자랑을 쏟아놓으면 안 된다는 거지. 물론 글을 쓰다 보면 실수로 한두 군데 혹은 몇 군데 자연스럽게 들어갈 수가 있어. 자기가 생각할 때는 너무 자연스러워 자랑 같지 않더라도, 제삼자가 보면 분명 자랑 같은 부분이 있지.

그래서 출판사에 편집자가 필요한 거지. 흔히 보통 사람들이 오해하는 게 편집자의 역할이야. 편집자가 할 일이 글자의 오탈자나 잡아내고, 문장이나 바로잡는 게 전부가 아니라고. 편집자는 작가가 놓치는 것을 매의 눈으로 잡아내서 원고를 더 완성도 있게 만드는 거야. 간혹 편집자도 없는 출판사를 보면 과연 그런 곳이 진정한 의미의 출판사인가, 의구심이 들지. 사실 출판 작업의 핵심은 편집자야. 센터인 셈이지. 어떤 편집자를 만나느냐에 따라 그 책의 운명은 달라지는 거야. 적어도 품격에 있어서 말이지. 작가가 자신의 원고를 쓰기만 하면 책이 나온다고 생각하는 그 망상을 버리는 순간, 진정한 의미의 책을 만나볼 수가 있어.

하여튼, 글을 써놓고 편집자의 눈으로 자기 원고를 매만지는 거야. 그래야 더 완성도 있는 원고를 출판사에 보낼 수 있고, 당연히 채택될 확률이 높아지는 거지. 앞에서도 말했지만, 제삼자가 되어서 처음 보듯이 자기 원고를 보면, 집중해서 쓸 때는 못 봤던 허점을 발견할 수 있을 거야. 자기 자식은 누구나 고슴도치라도 예뻐 보이지만, 남에게는 그렇지 않을 수 있지. 자랑하면 거부감이 들어. 설사 진짜 잘했고, 뛰어난 점이 있더라도 일단 그걸 부모가 늘어놓으면 꼴불견인 셈이지.

혼자만의 감정에 빠지는 건 공감대를 가로막는 가장 큰 장애물이야. 세상에 있는 다수의 독자를 먼저 생각해야 해. 다른 사람이 이 이야기를 들었을 때 얼마만큼이나 공감을 할지, 그것부터 먼저 챙기라고. 자신의 감정이야 나중에 사적으로 풀고.

✱ 감정선의 흐름을 잘 따라가라

_____ 자, 이제 자기감정에 빠지는 장애물을 넘어섰다면 다음에 주의해야 할 게 뭘까. 독자의 감정선을 잘 유지해야 한다는 거야. 이야기를 끌고 갈 때, 널 뛰듯이 이랬다저랬다 점프질을 하지 말라는 거지. 이건 글쓰기의 기본과도 통하는데, 글의 흐름을 일정하게 조절

해야 한다는 거야. 하나의 이야기를 시작했으면 어느 정도는 끌고 가는 게 좋지. 예를 들어, 한 꼭지에서 세상의 잣대에 휘둘리지 않는 삶을 살겠다는 이야기를 쓴다고 해보자. 그때는 그 주장을 쓰고 나서, 연결되는 에피소드를 구체적으로 들어야 해. 한 주제에 대해 계속 같은 흐름의 이야기를 연결해야 돼. 이 이야기를 했다가 저 이야기를 했다가, 술 취한 사람 걸음걸이처럼 왔다 갔다 하면 그 글은 끝장나는 거야.

이런 글은 일단 완성도가 떨어지고, 설득력이 없어지는 거지. 독자가 글을 읽다가 작가의 의견에 좀 수긍이 되는 것 같다가도, 갑자기 또 다른 이야기를 해버리면 감정선이 끊어져서 공감대가 사라져. 공감대가 만들어지기도 전에 그 흐름을 잘라버리면 독자 보고 어떻게 하라는 거야? 너의 글에 계속 집중하라는 거야, 말라는 거야? 그러니 독자의 감정선이 쭉 이어지도록 넌 글의 흐름을 잘 끌고 가야 하는 거야. 한 꼭지에서 처음 주장한 내용과 연결이 되는 이야기를 계속하는 게 중요해. 그 주장, 혹은 의견, 어쨌든 그 한 꼭지의 글에서 네가 말하고 싶은 핵심 메시지를 떠받쳐 주는 구체적 에피소드들도 반드시 관련이 있는 것들을 늘어놓아야 해. 그 에피소드의 길이가 몇 단락은 되어줘야겠지? 짤막짤막하게 독자의 생각을 단절시키면 너의 작가 생명도 짧아진다는 걸 명심해. 최악의 글이 바로 공감이 전혀 되지 않고, 감정이 설득되지 않는 글이니까 말이야.

설득과 공감은 이어지는 글 속에 있어. 실제 사람 사이도 그렇잖아. 자주 만나는 사람이 할 이야기도 많고, 서로 상대의 마음을 잘 알듯이 글도 마찬가지야. 네가 말하고자 하는 메시지를 제대로 전달하려면 그 메시지와 독자가 심정적으로 친해지게 연결 고리를 만드는 작업이 중요하단 말이지. 그 연결 작업을 누가, 얼마나 잘하느냐에 따라 글의 승패가 달라지는 거야.

그러니 한 꼭지에는 하나의 흐름을 일관되게 유지하는 게 중요한 거지. 이걸 나는 '감정선의 흐름'을 잘 따라가라는 말로 표현하지. 감정선의 흐름을 글에 잘 구현해 놓으면 그 글은 일단 독자들의 마음에는 다가선 거야. 독자의 마음의 문을 여는 게 글을 쓸 때 제일 급한 일이지.

나는 처음 책을 쓰는 사람들에게 항상 당부하는 말이 있어. 원고를 작성할 때는 늘 자기 앞에 어느 특정 사람이 앉아 있다고 생각하면서 글을 쓰라고. 정말 눈앞에 어떤 사람이 있다고 상상하면서 쓰는 거야. 그 사람에게 말을 하듯이, 그 사람이 정말 듣고 있는 것처럼 생각하면서 쓰는 셈이지.

그러면 혼자만의 감정에 빠지는 걸 최소한 예방할 수 있는 거야. 자식을 자랑하다가도 '아차!' 하는 생각이 드는 거지. 아, 이걸 누가 듣는다면 좀 껄끄러울 수도 있겠구나, 이렇게 스스로 깨치는 거지. 그렇지 않고, 그냥 혼자 앉아서 글을 쓴다고 생각하면 누구에게도 방해받지 않는 무아지경의 상태에 빠지게 돼. 자꾸 일기장으로 변질하는 수가 있어. 누구에게나 공개되고, 다수에게 공감이 되어야 할 책이 갑자기 일기가 되어버리는 거지.

이런 실수나 잘못을 안 하려면 반드시 가공의 인물을 자기 앞에 앉혀 놓아야 해. 아는 사람이든, 모르는 사람이든 상관없어. 하지만 진짜처럼 몰입하려면 자기가 아는 누군가를 설정해놓고, 앞에 있다고 생각하는 거지. 그 사람에게 이야기를 들려주듯 쓰면 되는 거야.

그럼 이제 너의 글을 써봐.

책상 앞으로 고고~!

잊지 마, 너의 독자를 반드시 챙기고 말이야.

'나는' 그만 외쳐!

사람마다 글을 쓰는 습관이 있어. 앞에서도 잠깐 말한 적이 있지만, 사람마다 글의 패턴이 있거든. 여기서 내가 말하려고 하는 건 제목에서도 알 수 있겠지. 바로 '나는'이라는 말을 말끝마다, 문장마다 끼워 넣는 사람이야.

어떤 사람의 글이 전체적으로는 좋은데, 자꾸 '나는'이라는 주어를 갖다 붙이는 게 문제일 때가 있어. 그럴 때는 이렇게 말해주고 싶어.

"네 글이니까 대부분 네가 말한다는 건 그쯤 다 알고 있어! 우리는 바보가 아냐! 지겨워! 이제 제발 '나는'을 그만 붙여!"

편집자로서 원고를 교정볼 때면, 이런 저자의 글을 수

정할 때 문장에서 '나는'이라는 꼭지를 매번 떼야 해. 아, 지겹다. 좀 그만 붙이자. 꼭 필요할 때만 '나는'을 넣자. 주어는 꼭 넣어주어야 할 때만 넣어야 해. 문장마다 넣으면 너무 단조로운 문장이 될 뿐만 아니라, 한 마디로 지겹다, 지겨워!

그렇다면 진짜로 얼마나 지겨운 느낌인지, 예를 한번 들어볼게. 다음 글을 잘 보게나. 첫 예문은 '나는'이 꼭 필요할 때만 쓰인 글이고, 그다음은 '나는'이 매번 들어가는 글이야.

이제 '나는' 여기까지가 끝인가 보오

→ 세상에는 참 많은 인연이 있다. 오다가다 한번 만난 인연, 오래도록 만나온 질긴 인연, 그리고 한번 우연히 스쳤다가 한참 뒤에 운명의 연인이 되는 인연 말이다. 나는 참 능력도 없고, 누군가를 사랑할 만한 너그러운 도량도 없다. 그래서

사랑하는 인연을 만났다 하더라도 손을 내밀 수가 없다. 그 사람을 조금이라도 불행하게 할까 봐 가까이 다가갈 수 없다. 인연이라는 건 세상에 널리고 널렸지만, 내게 걸맞은 인연은 없는 것 같다. **[예문1]**

→ 나는 세상에는 참 많은 인연이 있다고 생각한다. 나는 오다가다 한번 만난 인연을 말하고 싶다. 나는 오래도록 만나온 질긴 인연도 말하고 싶다. 그리고 나는 한번 우연히 스쳤다가 한참 뒤에 운명의 연인이 되는 인연도 말하겠다. 나는 참 능력도 없고, 나는 누군가를 사랑할 만한 너그러운 도량도 없다. 그래서 나는 내가 사랑하는 인연을 만났다 하더라도 내 손을 내밀 수가 없다. 나는 그 사람을 조금이라도 불행하게 할까 봐 나는 가까이 다가갈 수 없다. 나는 인연이라는 건 세상에 널리고 널렸지만, 나는 내게 걸맞은 인연은 없는 것 같다고 생각한다. **[예문2]**

[예문1]은 내가 평소처럼 글을 작성한 것이고, [예문2]는 쓸데없는 '나는'이라는 말을 일부러 다 붙여본 것이야. 그런데 [예문2]처럼 실제로 '나는'이라는 말을 습관처럼 붙이는 사람이 생각보다 훨씬 많아. 자기 글을 한번 잘 살펴봐. 이런 습관이 있는지, 없는지. 의외로 많이 보일걸.

너의 문장을 점검해 보면 아주 많이 쓸데없는 '나는'이 기생하고 있을 거야. 그러니 이제 제발 그만! '나는'이 들어가지 않는 문장이 얼마나 더 깔끔한지 잘 비교하고 살펴봐. 꼭 필요할 때만 '나는'을 써봐. 네 글의 전체적인 분위기가 확 달라질 거야.

그럼 쉬어가면서 간단한 정보도 얻어 가는 이 자리는, 이만 안녕. 또 봐!

어떤 편집자와 작업하느냐에 따라
그 책의 운명이 달라져.
경험이 많은 편집자와 작업하는 게
너와 책의 운명을 결정하는 거지.

기다리다 못해 내가 나섰다.

어떤 원고를 출판사가 좋아할지, 어떤 원고를 보내야 출판이 될 수 있을지
누군가 아주 솔직하게 말해줄 필요가 있다는 판단에서다.
그것도 출판 현장에서 오랫동안 일해왔던 사람이 진정성을 갖고
진심으로 말해주는 게 중요하다.

PART 2

자기야, 출판사는
이런 원고를 기다려!

출 판 사 에 프 러 포 즈 하 는 법 !

1

'대박 원고'도 메일을 타고

사랑하는 나의 그대에게. 너를 만나고 싶은 마음은 간절하지. 매일 하늘을 바라보면서 너의 얼굴을 그리고 있어. 우리가 운명적으로 만날 인연이라면 언젠가는 꼭 만나겠지. 너와 나의 운명이 그리 맺어진 거라면 말이야. 그래서 이 순간에도 널 포기하지 않고, 너를 만나기 위해 이처럼 처절한 몸부림을 치고 있구나.

사실 출판사도 간절히 좋은 원고를 기다려. 정말 대박 원고를 만나서 소위 팔자 한번 고쳐보고 싶은 마음은 모두 다 있겠지. 출판하는 사람이라면 누구나 한 번씩 꿈꿔

보는 백일몽이 아닐지. 그렇다면 대박 원고는 어떻게 만나게 될까. 매일 메일함을 쭉정이 원고들이 빼곡히 채운다고 할지라도 가끔은 진짜 대박 원고도 이 메일을 타고 오는 법이지.

그렇게 정말 운명처럼 찰나에 빛나는 대박 원고를 영접하는 일은 베스트셀러를 꿈꾸는 모든 출판인의 꿈은 아닐까. 그건 마치 아무 생각 없이 미팅하러 나갔다가 첫눈에 운명의 사람을 만나는 것과 같은 기분일 것이야. 별 기대도 하지 않고 나갔는데, 한눈에 '이 사람이다!'라는 전율이 온몸을 휘몰아 스치고 지나갈 때. 그 환희, 마치 벼락을 맞은 것처럼 사랑에 빠지는 거지. 대박 원고는 그렇게 운명적 사랑처럼 오는 것 아니겠어?

소위 '글발'이 좋은 사람이 있지. 어떤 글을 쓰더라도 감칠맛 나게 쓰고, 글의 질감을 잘 조절할 수 있는 사람. 마치 어떤 노래를 불러도 맛깔나게 부르는 사람이 있듯이 글도 마찬가지야. 타고난 걸까? 난 가끔 그 문제에 대해 생각해 보지. 그러나 꼭 타고나는 것 같지는 않아. 그때까지, 그 경지에 이를 때까지 자기의 글 감각을 키우는 과정이 다른 사람보다 더 길었을 뿐이라고 생각해.

물론 글을 좋아하고, 책을 좋아하고, 글쓰기를 좋아하며, 사색하는 걸 좋아하는 섬세한 감각 정도는 타고난 것일까. 아마도 그런 기질은 타고날 수도 있겠지. 처음부터 밖에 나가서 뛰어놀고 활동하는 걸 좋아하는 기질이라면 아마 책보다는 다른 것들에 더 관심이 많을 거야. 이처럼 기질은 타고나더라도 어느 방향으로 자신을 길들여가느냐에 따라 달라질 수도 있지.

✻ 꿈꾸는 네가 아름다워

_____ 네가 어떤 기질인지 먼저 한번 따져봐. 외향성 기질인지, 내향적 성격인지. 글을 잘 쓰는 사람들은 흔히 내성적 성격인 경우가 많아. 물론 이걸 획일화하자는 건 아니야. 하지만 그저 네게 조금이라도 도움이 될지도 몰라서 하는 말이지. 살아보니까 '기질'만큼 사람에게 중요한 건 없더라. '기질이 운명이고, 성격이 사주팔자'라는 어느 작가의 말이 떠오르네.

사람은 글을 쓰는 것뿐만 아니라, 모든 일을 할 때도 자기 자신을 아는 게 가장 우선이야. 자기를 알고 적과 싸우면 백전백승이듯이, 너는 너 자신을 먼저 알아야 해. 그래야 네 프러포즈도 성공할 수 있고, 또 베스트셀러 작가의 꿈을 꿀 수도 있는 거지. 일단 한번 시작하면 끝까지 가봐야 안 되겠어?

설사 종국에는 갈 수 없다고 하더라도 그러한 목표는 세우고 봐야지. 그러니 작가가 되기로 했으면 책을 내는 것뿐만 아니라, 베스트셀러도 꿈꿔보는 건 당연한 일이야. 누군가 '헛꿈'이라고 조롱하더라도 그건 그 사람의 기준일 뿐, 우리의 잣대는 아니지. 인간에겐 꿈이 있어서 동물과 다른 점은 아닐까. 나는 그렇게 생각해. 꿈을 꿀 수 있는 건 인간의 특권이야. 난 꿈꾸는 너를 원하고 있어. 그냥 평범한 네가 아니고 말이야.

나는 너를 온라인에서 만나는 운명일 거야. 우리가 만나는 공간은 바로 인터넷! 네가 대박의 원고로 나에게 프러포즈하는 그 순간, 우리는 하나가 되겠지. 베스트셀러라는 공동의 목표를 향해 우리는 마음을 합쳐 그 꿈의 세계로 함께 가는 거야. 꿈을 꾸는 너는 아름다워. 그저 책 한 권 출판해보겠다고 이 출판사, 저 출판사를 기웃거리고 어슬렁대는 그런 소박한 목표를 가진 평범한 사람이 아니라, 마음속에 예를 들면, 10만 부의 원대한 꿈을 가진 네가 멋져 보여.

그런 말이 있지. 어떤 목표를 세우면 설사 그 끝까지는 도달하지 못하더라도 최소한 그 절반만큼은 이룰 수 있다고. 나는 너와 함께 그런 꿈을 이뤄가고 싶어. 그게 우리가 만나서 해야 할 일이지. 너는 지금 어느 거리를 서성이고 있나. 어떤 혼돈이 너를 감싸고 있는 거야?

무조건 출판만 해서도 안 되는 거야. 제대로 된 가이드가 너의 앞길을 인도해야 그다음 책도, 그다음 작품도 계속 만들 수 있는 거지. 모든 일이 첫술에 배부를 수 있는 건 아니잖아. 너의 잠재능력을 알아보고 계속 지원해줄 수 있는 출판사를 찾아야지.

✳ '발상의 전환'이 깃든 기획을 해봐!

_____ 날마다 출판사 메일을 가득 채우는 의미 없는 원고들을 볼 때마다 나는 한숨이 푹푹 나와. 읽어보면 거의 하나같이 김빠진 맥주 같아. 그 원고를 쓰느라, 얼마나 많은 밤을 애태웠을까 생각하면 네가 안쓰러워. 그런 개성 없는 원고들을 보면 마치 색깔 없는 자기소개서들을 보는 기분이 들어.

예전에 내가 다니던 회사에서 인사 담당까지 맡았을 때 구직자들이 보내오는 이력서와 자기소개서를 보면 항상 이런 식이지.

"저는 엄하신 아버지와 가정적인 어머니 사이에서 태어나, 근면 성실하게 살아왔습니다……."

요즘도 이런 자기소개서를 쓰냐고 너는 좀 웃긴다고 생각할지도 몰라. 그런데 있잖아. 내가 요즘 투고받는 메일의 인사말이 아직도 이런 스타일이 더러 있다는 사실이야. 무려 10년 이상도 더 지난 과거에 저런 상투적인 자기소개서를 받아봤는데 말이지. 이놈의 나라는 바뀌는 게 없어. 사람들은 늘 그 자리에 있는 것 같아. 생각이 말이야. 고정관념인 거지.

글 쓰는 일을 하는 사람이라면 이렇게 평범하고 상투적인 내용을 쓴다는 건 정말 독약을 마시는 것과 같아. 발상의 전환이 필요해. 작가가 되겠다는 사람은 그냥 남이 가는 길을 따라가는 사고방식이라면 성공하기 힘들어. 그건 작가의 옷을 걸친 게 아니야. 마음만 작가가 되고 싶은 것이지. 그 영혼까지 작가의 색깔을 가져야 작가 근처에라도 가지 않겠어?

그렇다면 어떻게 해야 독창적인 글을 쓸 수 있을까. 일단은, 평범하게 쓰지 않으려는 시도가 필요하지. 그걸 고민하고, 그 생각을 현실화하려는 노력이 필요해. 예를 들어, 내 자기소개서 사례를 이야기해볼게. 나는 지방에 있는 대학을 졸업하고 서울에 처음 올라왔을 때 광고회사에 취직하려고 이력서와 자기소개서를 냈어. 물론 내겐 관련 이력이 전혀 없었지. 무식한 게 용감하다고, 그냥 그때는 젊은 혈기 하나만으로 하고 싶은 일이 있으면 일단 저질러보곤 했어. 그때도 이런 생각이 들었어.

'뭐, 어때. 이력서와 자기소개서 내는 데 뭐 자격요건

이 있나. 세금이 들어가는 것도 아닌데 한번 해보지.'

하지만 난 그냥 무턱대고 덤벼들지 않고, 그때 자기소개서를 쓰는 순간 고민을 했어. 생각의 결과물은 반드시 시간과 비례하진 않는다는 걸 그때부터 확실히 알았어. 난 뭔가 특별한 게 없을까를 생각했지. 그때 찰나에 스치는 아이디어가 떠올랐어. 그래, 내가 나를 인터뷰하는 기사를 자기소개서로 제출해 보자. 그때 내겐 아무것도 없었거든. 서울에 갓 올라왔기에 거주비가 저렴한 신림동 고시원에 짐을 풀었고, 내 이력도 '인 서울'조차 아닌 지방대였고, 전공도 소위 세상의 눈으로 보면 비인기학과인 철학이었지.

게다가 대학을 졸업하고 나서 대학원 진학을 할지, 뭘 할지 몰라 학원 강사와 논술 강사를 전전하면서 또 몇 년 방황했기에 햇병아리도 아니었어. 정말 봐줄 만한 게 하나도 없더라고. 자기소개서를 좀 개성 있게 쓰는 수밖에 방법이 없었어. 나는 그때 광고회사가 꽤 멋있게 보였기에 꼭 들어가고 싶었지.

오직 찰나적으로 스친 아이디어에 기댔어. 내가 나를

인터뷰하는 자기소개서였어. 그러니까 인터뷰를 하는 사람과 당하는 두 사람이 나오고, 그중 한 사람이 나였어. 나를 인터뷰하는 식으로 Q&A 인터뷰 기사를 앉은 자리에서 금방 작성했어. 미련 없이 메일을 보냈지. 그랬더니 면접 연락이 왔고, 나는 합격을 했지.

큰 광고기획사는 아니었지만, 대형기획사의 자회사 위치에 있는 나름 견실한 회사였어. 정말 지방에서 올라가자마자 난 강남의 신사동에서 근무하게 된 거지. 기분이 진짜 좋더라고. 첫 지원에 강남에서 회사를 다니게 됐으니 말이야. 그것도 광고회사에 말이지. 면접관 중 한 분이 대표님이었는데, 내게 묻더라고. 얼마나 오랫동안 생각해서 그런 자기소개서를 쓰게 됐냐고. 그래서 내가 그냥 앉은 자리에서 바로 아이디어가 떠올라 뚝딱 썼다니까, 굉장히 놀라시더라고.

어쨌든 입사하게 된 계기가 아마 광고회사에서는 번득이는 기획력이 중요하니까, 내 자기소개서의 '발상의 전환 방식'이 꽤 마음에 들었나 봐. 그러니 관련 경력도 없고, 별로 내세울 게 없는 내가 입사를 할 수 있었던 거지. 그런데 광고 일은 그리 오래 하진 않았지만, 어쨌든 이 경험은 내게 기획의 중요성을 알려준 셈이지. 여담이지만, 대기업의 광고 팸플릿을 만드는 일보다는 이름 없는 저자라도 단행본을 만드는 게 나는 더 좋았어. 책을 만드는 건 하나의 세계의 시작과 끝을 온전히 창조하는 일 같아서. 나는 출판 일이 더 적성에 맞는 것 같아.

하여튼 자기소개서뿐만 아니라, 책을 기획할 때도 발상의 전환이 필요해. 네가 쓰려고 하는 책을 생각할 때 그냥 직선으로 생각하지 말고, 변화구를 두라고. 어떤 책을 기획할지 생각할 때 자기가 가장 특색있게 잘 쓸 자신이 있는 것으로 정해봐. 만일 사랑에 관해 쓴다면, 어떻게 이 원고를 요리할지 잘 생각해 보라고.

물론 세상에 널리고 널린 게 이 '사랑'이라는 것에 관련된 책이야. 하지만 하늘 아래 새로운 책이 없지만, 접근 방식은 달라야 하는 거지. 이제까지 소비되지 않았던 접근법을 찾아봐. 그게 '발상의 전환'의 기획 방식이야. 남들이 한 번도 가지 않은 길을 너는 가야 해. 그래야 참신한 책이 될 수 있고, 그게 네가 출판사에 선택되는 첫 발걸음을 떼는 일일 거야.

자, 이젠 준비됐니? 그럼 이제 메일함을 열고 메일을 보내. 너의 대박 원고도 결국 메일을 타고 어느 출판사에 닿겠지. 이제부터 열심히 달려 봐!

문장도
'채소 다듬기'처럼!

자기야, 글을 잘 쓰기 위한 요소는 사실 수만 가지가 될 수도 있어. 하지만 내가 이제까지 많은 초보 작가들의 글을 만지면서 항상 눈에 걸리는 게 몇 가지 있었어. 그래서 네 눈높이에 맞게 '꼭 필요한 것'만 이야기하려고 해. 초보 작가들이 '이것만 알아도' 웬만큼 원고를 정리한 채로 출판사에 보낼 수 있게 말이야.

채소 다듬어 봤지? 이제부터 네가 채소 다듬던 실력만 발휘하면 돼. 문장을 깔끔하게 잘 쓰고 싶다는 욕망은 다들 있지. 특히나 책을 내고 싶은 사람은 더 그래. 글을 좀 더 잘 썼으면 하는 바람이 있거든. 하지만 자기가 쓴 문장을 어떻게 다듬을지 전혀 감이 오지 않는 사람도 많아.

고치고는 싶은데, 방향 감각도 없고 어디서부터 시작해야 좋을지 갈팡질팡하지. 그런데 의외로 가까운 곳에 길이 있어.

이럴 때 채소나 나물을 다듬을 때를 떠올려 봐. 대파나 양파나 시금치, 등등 뭐라도 좋아. 네가 써놓은 문장을 이 채소나 나물이라고 생각해. 다듬어지지 않고 시장에서 막 갖고 온 채소들. 그때 네가 하는 행동이 제일 먼저 뭐지?

먼저 대파를 한번 예로 들어보자. 대파를 처음 장에서 갖고 온 상태로 보면 흙도 좀 묻어 있고, 하얀 뿌리도 그대로 붙어 있고, 껍질도 남아 있지. 그래서 네가 칼로 일단 뿌리도 제거하고, 흙이 묻은 거친 껍질 부분을 떼어내지.

네가 쓴 글도 마찬가지야. 일단은 글을 써 내려가. 고치려고 하지 말고 마구 달려. 한 꼭지가 다 완성되면 네 글을 다시 읽어봐. 첫 문장부터. 생판 모르는 남의 글이라

고 생각하고 읽어. 이때는 네가 편집자가 되는 거지. 이제
부터 전혀 모르는 사람의 글을 네가 고치는 거야. 그 문
장들은 마치 흙이 묻은 대파 꼴이지. 아직 다듬어지지 않
은 채소들이야.

처음에 할 일은 중복되는 단어가 있나, 없나 살피는
거지. 한 문장 안에 같은 단어를 사용하는 건 깔끔한 문
장이 되는 걸 막는 거야. 아주 특별히 운율을 맞추기 위
해서, 혹은 어떤 목적이 있어서 중복해 넣는 건 괜찮아.
하지만 그저 뜻을 전달하기 위해 같은 단어를 쓰는 건 자
제해야 해. 예를 한번 들어볼게. 시적 운율의 느낌이 나도
록 일부러 같은 단어를 반복해서 사용할 때와, 의미의 전
달만을 위해서 같은 단어를 반복하는 경우를 비교해 보
기로 하자.

같은 단어가 들어간 곁가지를 다듬자!

[의도적 반복]

→ 한 번밖에 만나지 않았지만, 나는 L을 사랑한다. 이 세상에 하나뿐인 L. L은 언제나 책을 본다. 나도 항상 책을 본다. L은 종로의 거리를 사랑한다. 나도 이제 종로를 사랑한다. L은 정독 도서관 거리를 자주 걷는다. 나도 이제 그 거리를 찾는다.

나는 책을 빌려와서 다 읽었다.

나는 책을 빌려와서 그걸 다 읽었다. [책을, 그걸]

나는 책을 빌려와서 책을 다 읽었다. [책을, 책을]

나는 책을 빌려와서 한참 만에 다 읽었다. [책을, 한참 만에]

일단, 의도적으로 반복된 단어가 들어간 문장부터 살

펴볼게. 이 글은 일부러 운율을 의식해서 여러 문장에 걸쳐 'ㄴ', '책', '종로', '거리' 같은 단어를 반복하고 있지. 그로 인해 서정적 느낌이 살고 있어. 이런 경우에는 같은 단어를 쓰는 것이 효과적이야. 그러면서도 '걷는다'와 '찾는다'처럼 한 번 정도는 변주를 해주니까, 느낌이 살지. 여기서도 만약 '걷는다'를 반복해버리면 너무 지루해질 수가 있어. 한 단어 정도는 변화를 주는 것도 좋은 방법이지.

그런데 일반적으로는 이렇게 이어지는 여러 문장에 같은 단어를 반복해서 쓰는 건 자제해야 해. 글이 전체적으로 매우 단조로워지거든. 한마디로, 풍미가 떨어지는 거지. 음식에도 맛과 향이 있듯이, 글도 마찬가지야. 그냥 건조한 문장이 있는가 하면, 다양한 맛을 내는 문장도 있어. 어느 쪽을 써야 하는지는 내가 굳이 말하지 않아도 알겠지?

[예문]의 다음 문장을 살펴볼게. 한 문장 안에 '책을'이

라는 단어를 '그걸'이라는 대명사로 바꾼 것도 있고, 똑같이 '책을'이라는 단어를 반복해서 쓴 문장도 있지. 혹은 '한참 만에'라는 표현을 쓴 문장도 있어. 자, 그렇다면 한 문장 안에 단지 뜻을 전달하기 위해서 '책을'이라는 단어를 반복해서 쓰니까 어떤 느낌이 들어? 읽으니까 자꾸 걸리지? 게다가 똑같은 단어를 자꾸 쓰니까, 방금 말했듯이 문장의 풍미가 떨어지는 게 느껴지지?

가장 좋은 건 '한참 만에'라는 전혀 다른 요소를 집어 넣는 거야. 차선책은 간결하게 아무것도 안 넣는 거지. '나는 책을 빌려와서 다 읽었다'라고 딱 떨어지게 가는 거야. 제일 나쁜 건 '나는 책을 빌려와서 책을 다 읽었다'로 중복해서 같은 단어를 한 문장 안에 넣는 거지.

자기야, 이제 알겠지? 그냥 간결한 문장으로 가려면 '나는 책을 빌려와서 다 읽었다'로 끝내고, 좀 더 풍미를 집어넣으려면 '한참 만에' 같은 표현을 첨가하는 거지. 어떤 글을 써야 할지 잘 비교해서 생각해 봐.

2

**자기만이
쓸 수 있는
색깔 있는
이야기를 해**

오늘도 작가가 되고 싶은 갈망에 잠 못 이루는 너에게. 나는 또 편지를 쓴다.

요즘 메일로 원고 투고가 오는 경우를 잘 살펴보면 공통점이 하나 있어. 여러 명이 한 권의 책을 공저로 출판된 저자의 이력을 갖고 있다는 거지. 꼼꼼하게 분석해보면 이런 패턴을 단박에 알아차리지. 아마도 어느 글쓰기 교실의 전략이 아닌가 싶어.

여러 명이 십시일반 돈을 내서 한 권의 책을 사주는 형식으로 일단 출판해보는 거지. 그걸로 출판의 경력을 쌓는 방식인 셈이야. 보통 독자라면 잘 모르겠지만, 출판물을 좀 먹어본 사람이라면 이 바닥의 생리를 잘 알고 있어서 이 정도는 다 꿰뚫어 보는 법이지.

그래서 말인데, 그런 경력이 네게 큰 이득이 된다고 생각하는 거지? 꽤 오산인데, 어쩌면 좋니? 나는 그런 저자들의 원고는 '믿고' 거르는 편이야. 그런데 이건 나만의 생각만은 아닐 거야. 출판계에 좀 오래 발을 담갔던 사람이라면 어떤 그림이 대충 그려지거든.

그래서 차라리 한 권의 책도 낸 적이 없는 새하얀 백지 같은 저자가 더 매력적일 수 있다는 사실이지. 넌 아마 이런 상황을 모르겠지. 그래서 어떤 얄팍한 가이드가 안내해주는 대로, 책을 하나 내는 게 다른 책을 내는 것에 더 유리하다는 말만 믿고 그런 '선택'을 한 것일 거야.

너를 나무라고 싶지는 않아. '어리석은 선택'이었다고 말해주고 싶지만, 너무 몰아붙이면 네가 나를 미워할 거잖아. 이유 없이 누군가의 증오를 받는 건 별로 달갑지 않은 일이니까 그만할게. 하지만 진실을 알고 싶은 너라면 내 이야기를 잘 들어줘. 그렇지 않다면 이 부분은 건 너뛰면 될 거야.

네가 정말 제대로 된 작가의 길을 가고 싶다면, 소위 말해서 인정받는 작가가 되고 싶다면 인위적으로 하는 출판은 그만둬. 그런 얄팍한 상술 같은 가이드의 말에도 귀를 닫았으면 좋겠어. 너는 너만의 경력을 쌓아야 해. 너만의 이름과 향기에 알맞은, 너만의 작가 이력을 가져야만 하지. 그걸 차근차근 쌓아 올리는 게 중요해.

급조한 듯한 네 작가 이력은 냄새가 나. 인위적인 냄새. 그건 창조적인 작가의 길을 가기 위해서는 참 위험한 냄새야. 정말 제대로 된 출판사에선 그런 냄새를 싫어하지. 그 정도로 자신이 없어? 너에게? 그렇게 급하게 작가 이력을 만들어야 할 만큼 네가 시한부 인생이야?

✸ 우리에겐 아직 남은 배가 많아

_____ 이순신 장군이 그랬다잖아.

"제게는 아직도 열두 척의 배가 있습니다."

그래, 우리에게는 아직도 남은 배들이 많아. 너도 내일

당장 죽을 게 아니라면 그렇게 급히 네 이력을 조작하지 마. 그건 어떻게 보면 '조작'이 맞아. 내 눈에는 그렇게 보여. 책을 내는 게 중요한 게 아니라, 어떤 책을 네가 썼느냐가 중요한 거지. 그렇게 겉만 그럴듯하게 책이랍시고 내는 건 맞질 않아. 넌 너의 세계가 필요한 거야.

그럼 또 물색없는 어떤 사람은 이렇게 말하겠지. 그럼 공저가 다 나쁘냐고. 아냐, 그런 말이 아니잖아. 여러 명이 내든, 두 명이 내든, 공저가 다 옳지 않다고 이야기하는 게 아니잖아. 다만, 아직 자신의 이력이 제대로 없는 초보 작가가 열 명에 가까운 공저를 낸다는 게 참 보기가 '거시기'하다는 것이지.

누가 봐도 딱 알 수 있잖아. 또 몰라. 자신의 책을 꾸준하게 쭉 내던 명망 있는 작가가 여러 명과 같이 어떤 주제를 갖고 공저를 낸다면 그건 의미가 있어. 그런데 자기 저서는 한 권도 없는 초보 작가가 그렇게 여러 명의 공저가 첫 책이라면 참 뭐랄까, 정말 좋지 않은 냄새가 난다는 거지. 그런 식의 작가 '머리 올리기' 방식은 어쩐지 나는 역겨워. 얼마나 급했으면 저런 식으로 책을 내고 싶었을까. 이름을 올리고 싶었을까.

나의 이런 의견에 반대한다면 그래, 내가 양보할게. 다 이렇게 생각하는 게 아니라, 이런 생각을 하는 출판관계자도 분명 꽤 여럿 있다는 사실은 네가 참고로 해야 한다는 것이지. 단순히 글쓰기 교실의 상술에 휩쓸려서 네가 엉뚱한 길로 가는 게 아닌가 해서 몹시 염려스러운 거야. 또 부연 설명을 해야겠네. 모든 글쓰기 교실이 그렇다는 게 아니라, 일부 성과에만 열을 올리는 글쓰기 교실이라는 것을 덧붙여야겠네. 그렇지 않으면 공공의 적이 될 수 있으니까 말이야. 그건 별로 기분 좋은 일은 아니지.

항상 진실을 말하려면 그런 오명에 맞설 용기가 있어야 하는데, 이제 나도 나이가 드나 봐. 몸을 좀 사리는 걸 보니. 괜한 분란을 만들고 싶지 않거든. 그래도 그나마 용기를 내서 너를 위해 이런 이야기를 하는 나를 좀 격려해주고 위로해주면 안 되겠니. 그만큼 너를 사랑해서 없는 용기를 쥐어 짜낸 거야. 내가 아니더라도 누군가가 이런 목소리를 내야 하는 시점이거든.

내가 사랑하는 너, 너무 조급해하지 마. 돌아가더라도

제대로 된 길을 가야 해. 내가 항상 강조하지만, 무슨 일을 하든지 진정성이 중요해. 글쓰기는 영혼을 담는 행위이니, 두말하면 잔소리지. 너의 색깔을 온전히 담는 글을 쓰도록 해. 그 글들로 채워진 너만의 성을 가져야지. 소위 '잡탕'은 안 되는 거야. 초보 작가라면 더더욱 자신이 내딛는 발걸음에 신중해야지. 급하다고 아무거나 집어먹으면 체해. 몸에 좋지도 않아. 지금 당장은 표시가 나지 않더라도 네 발자국에 다 새겨져.

너 그거 아니? 아주 멀리 가다가 뒤돌아보면 자기 발자국이 좋든, 나쁘든 다 새겨져 있다는 사실. 인생이란 게 그래. 책은 더욱 남잖아. 요즘 인터넷 검색하면 다 나와. 네가 무슨 책을 썼는지. 몇 번 클릭해보면 그 사람이 걸어온 길과 색깔을 몇 분 안에 다 분석해볼 수 있어. 그게 프로파일링 기법이지.

그런데 네가 정말 나중에 완성도 있는 글을 쓸 수 있는 자질을 닦아서 좋은 기회를 만났을 때, 예전에 네가 성급하게 선택했던 사건들이 네 발목을 잡을 수도 있어. 네 이력에 부정적 영향을 미칠 수도 있다는 말이야.

너무 겁을 준다고? 아냐. 책뿐만 아니라, 세상일이 다 공짜는 없다는 게 삶의 이치야. 그 간단하고 흔한 진리를 무시하지 마. 그러니 정신 바짝 차리고 한 발, 한 발 내디뎌야 하는 거야. 정말 네가 작가가 되고 싶다면 네 발걸음에 책임을 져야 해. 그런 순간이 왔을 때 뼈저리게 후회하지 말고, 길이 아닌 길은 가지를 마. 생각도 마.

✽ 누구나가 아니라, 나만이 할 수 있는 이야기를 찾아야

_____ 요즘 출판사에 들어오는 원고들을 보면 말이야. 주부라면 마흔 갱년기에 대해서 말하거나, 여행 에세이라면 자기가 여행한 것을 써서 보내오는 원고도 있어. 그런데 한번 생각해 보았지. 나도 예전에 직원으로 있을 때 경력을 포함해서 이제까지 만든 책들이 꽤 많더라고. 그동안 투고받은 원고들도 많이 검토하다 보니, 약간 경지에 이른 느낌이야. 그래서 내가 초짜 편집자 시절에 들어오는 원고를 볼 때와 지금은 그 판단과 느낌이

많이 달라진 걸 깨달았어.

편집자 초기 시절에는 원고들이 다 그나마 가치가 있어 보이더라고. 이것도 될 것 같고, 저것도 될 것 같고. 그러고 보면 그때는 글쓰기 교실 같은 것이 난립하지 않았어. 그래서 정말 글을 잘 쓰고 오랫동안 준비해온 사람들만 글을 보내와서 진짜로 좋은 원고들이 많았을지도 모르지. 하여튼 요즘 원고들은 공장에서 찍어낸 것 같아서 몹시 불쾌해. 새로운 원고를 만나는 설렘 같은 것이 사라진 지 오래야.

내가 서울에서 첫 정식 직장인 광고회사 일을 그만두고 들어간 곳이 신문사이거든. 현직 교사들이 보는 〈교육신보〉라는 곳이었어. 교육 전문지 회사였어. 한때는 현재 모 대학 철학 교수이기도 한 유명인도 이 신문사 기자일 때도 있었는데, 내가 들어갈 때는 예전의 명성을 많이 잃어가는 시점이었어. 그러니까 내가 상대적으로 쉽게 들어갈 수 있었던 거지. 어쨌든 나름대로 전통이 있고, 그 당시에도 전국 현직 교사들이 주 독자층이고, 광고 수입이 아니라 학교 구독료로 운영되는 건전한 신문사였지.

거기서 나는 신입으로 출발해서 나중에는 서울시 교육청 출입 기자를 하기도 했어. 그 당시 학교 현직 선생님들을 인터뷰할 일이 많이 있었어. 삼십 분만 인터뷰해도 기사는 나왔지만, 나는 한번 기회를 잡은 김에 몇 시간이고 진이 빠지게 이야기를 듣곤 했지. 왜냐하면 학교 소개 꼭지도 내가 맡았으니까. 그런데 진짜 진정성 있는 이야기를 들으려면 몇 시간씩 선생님들을 붙들고 이야기를 들어야 나온다는 것을 경험으로 배웠기 때문이야.

사람은 항상 처음에는 형식적인 이야기만 하지. 그러나 오래 이야기하다 보면 심리적 방어벽이 무너져서 자기의 속 깊은 이야기를 다 하게 되어 있어. 혹은 그런 이야기도 들었지. 나랑 이야기하면 온갖 이야기를 다 하게 된다고. 이건 자랑이 아니라, 인간의 심리에 대해서 말하고자 하는 거야. 내 비법이라면 간단했어. 그 당시 젊어서 에너지가 넘쳐흘렀던 나는, 진짜 진정성 있게 마음의 문을 열고 그 사람 이야기를 경청하곤 했지. 그냥 형식적인 인터뷰였을지도 모를 일을, 나는 한 인간의 인생 철학을 듣는 자리로 바꾸게끔 했어.

난 정말 그때 휴머니즘과 작가의 시선으로 내가 경험하지 못했던 다른 사람의 역동적인 인생 이야기를 돈 한 푼 안 내고도 잘 듣고 구경할 수 있었어. 게다가 선생님의 위치는 자신의 인생에서 어느 정도 최선을 다해야 그 자리까지 갈 수 있는 터라, 모두 다 일인 일색으로 인생이 흥미진진했어.

그때 난 알았지. 이분들의 인생을 다 하나씩 책으로 엮어도 참 재밌고 알찬 이야기가 될 것 같다고 말이야. 특히 기억나는 분 중에는 교사를 몇 십 년 동안 해오면서 전국 사찰의 건물 구조나 조각상 같은 사진을 찍고 연구해온 분도 있었어. 그 알찬 자료를 책으로 만들면 좋지 않을까 싶을 만큼 직접 촬영해온 특이한 사진들을 많이 가지고 계셨지.

이 이야기를 왜 끄집어냈냐면, 네게 이야기해주고 싶은 게 바로 이거야. 자기만의 색깔 있는 이야기라는 게 말이지. 자기 직업이 교사라고 다 교육이나 학생 지도 같은 이야기만 쓰는 게 아니야. 자기만이 그동안 쭉 관심 있게 해온 일들이 있을 것 아니야? 바로 그런 이야기를 써야 하거든. 그걸 끄집어내 줄 수 있는 사람이 너의 출판 가이드가 되어줄 수 있는 거야.

그냥 붕어빵 틀처럼 교사면 교육이나 학생 관련 이야기, 사십 대의 주부면 갱년기 이야기, 아니면 뭐 치과의사면 병원 운영 이야기, 이런 식이 아니라는 거지. 직업과 상관없이 자기만의 이야기를 해야 그 책이 특색이 있는 거야.

그럼 세무사면 다 세무 이야기만 써야 하는 거니? 그런 책은 다 비슷비슷하지 않겠어? 누구나 쓸 수 있는 책을 네가 굳이 또 써야 하는 이유가 무엇이며, 출판해야 하는 이유가 무엇일까.

나는 그 답을 모르겠네.

자, 끊고 갈게요!

자기야, 영화 〈친구〉의 명대사 "니가 가라, 하와이"가 아니라, "긴 문장은 끊고 가라"라고 말해주고 싶어. 한 문장을 너무 길게 쓰는 사람들이 있지. 내가 이제까지 20여 년 동안 봐 왔던 원고들의 가장 큰 문제점이 바로 만연체였다는 사실. 일단 한 문장이 너무 길면 주어와 서술어가 대응이 안 되고, 문장이 꼬이기 시작하는 법이지. 정말 글의 고수가 아니라면 간결체가 좋아.

자기야, 무조건 한 문장을 짧게 써. 그래야 네가 살고, 원고도 살아. 간결체, 잊지 마. 만연체가 아니라 간결체야. 진짜 매번 긴 문장을 써오는 원고들을 보면 말해주고 싶어.

"자, 끊고 갈게요!"

내가 교정을 볼 때면 열심히 그 문장들을 끊어내기 시작하는 거지. 그럼 어떻게 끊는지 사례를 보여줄게. 앞의 내 글 중 몇 문장을 일부러 다 연결해 보았어.

끊는 게 살길이다!

→ 내가 서울에서 첫 정식 직장인 광고회사 일을 그만두고 들어간 곳이 신문사이었는데, 현직 교사들이 보는 <교육신보>라는 곳이고 교육 전문지 회사였는데, 한때는 현재 모 대학 철학 교수이기도 한 유명인도 이 신문사 기자일 때도 있었는데, 내가 들어갈 때는 예전의 명성을 많이 잃어가는 시점이었으니까 내가 상대적으로 쉽게 들어갈 수 있었던 거였는데, 어쨌든 나름대로 전통이 있고, 그 당시에도 전국 현직 교사들이 주 독자층이고, 광고 수입이 아니라 학교 구독료로 운영되는 건전한 신문사였지. **[하나로 길게 연결된 문장]**

→ 내가 서울에서 첫 정식 직장인 광고회사 일을 그만두고 들어간 곳이 신문사이거든. 현직 교사들이 보는 <교육신보>라는 곳이었어. 교육 전문지 회사였어. 한때는 현재 모 대학 철학 교수이기도 한 유명인도 이 신문사 기자일 때도 있었는데, 내가 들어갈 때는 예전의 명성을 많이 잃어가는 시점이었어. 그러니까 내가 상대적으로 쉽게 들어갈 수 있었던 거지. 어쨌든 나름대로 전통이 있고, 그 당시에도 전국 현직 교사들이 주 독자층이고, 광고 수입이 아니라 학교 구독료로 운영되는 건전한 신문사였지. **[끊은 문장]**

물론 예문처럼 저만큼 긴 문장으로 보내오는 원고는 많지 않아. 네게 충격 요법을 주려고 일부러 하나로 붙인 거야. 긴 문장이 얼마나 뜻을 꼬고 있는지 쉽게 알 수 있도록. 이제 알았으면 반드시 한 문장을 간결하게 써야 해. 어디서 끊어야 하는지도 밑줄 친 부분을 잘 확인해보길.

3

자기 이야기는 하되, 자신은 말하지 마

　사랑하는 자기야. 널 너무 사랑하지만, 우린 아직도 이렇게 떨어져 있네. 언제쯤 우리가 만날 수 있을까. 너와 내가 만나 역사가 될 수 있을까. 요즘같이 불황인 출판 시장에 출판의 신화를 우리가 만들 수 있을까.

　그런 너를 나는 오늘도 간절히 기다려. 밥을 먹으면서도 널 생각해. 우리의 미래를 떠올리지. '자기 암시'라고 알지? 긍정적인 결과나 성공적인 미래를 계속 구체적으로 머릿속에 그리면 실제로 그렇게 되는 삶의 법칙 말이야.

나는 자나 깨나 널 그리워해. 나를 베스트셀러 출판 기획자이자, 출판사 대표로 만들어줄 바로 너를 말이야. 너와 언젠가는 만나겠지? 나는 이 순간도 너를 사랑하면서 그날을 기다려. 우리의 미래를 말이야.

그러니 또 너에게 '원고의 성공 공식'을 알려줘야겠지. 성공은 못 해도 최소한 상품으로 팔릴만한 품격을 갖춘 원고 말이지. 그런 원고를 작성하기 위해선 기본적으로 알아야 할 것들이 있잖아. 그걸 지금까지 계속 네게 알려주고 있는 셈이야.

자, 이번에는 원고를 쓸 때 조심해야 할 것을 알려 줄게. 내가 앞에서 자기 자랑이나 자식 자랑은 책에서 하지 말라고 했지? 남들이 공감을 못 해준다고. 요즘 SNS로 자기 자식들 사진을 올리거나, 지인들에게 사진을 보여주거나 하는 행태를 꼬집어서 이런 말들이 있지.

'우리 예쁜 자식 얼굴, 못 본 사람 절대 없게 해주세요.'

SNS나 사진으로 너무 자식 자랑을 해서 주변에 민폐를 끼치는 사회적 분위기를 비꼬아서 이런 말들이 오가고 있지.

그래, 맞아. 난 이 말이 가장 잘 나타내주는 표현이라고 생각해. 사실 자기 자식은 아무리 예뻐도 자기 눈에만 예쁜 거지, 다른 사람은 별 관심이 없어. 그걸 원망하지 마. 다른 사람들도 관심의 자유가 있잖아. 왜 모든 사람의 관심사가 같아야 하는 거야? 게다가 남의 자식에게 뭘 그리 관심이 있겠어? 그러니 그냥 형식적인 인사나 리액션만 해줄 뿐이지.

아, '형. 식. 적.'

난 이 말을 제일 싫어하지. 내가 좋아하는 '진정성'과 대치되는 지점에 있는 뜻이니까. 몸서리치게 싫어하는 거야.

그런데 책을 쓸 때도 이런 점을 주의해야 하는 거야. 원고를 끌고 갈 때 구체적 사례를 자신의 에피소드로 이야기하는 건 좋은 자세야. 왜냐하면 그게 가장 생동감 있고 진실하니까. 자기가 직접 겪은 경험담이니까 제일 세세하게 잘 알 것 아냐? 그래서 내가 이 꼭지의 제목을 '자기 이야기는 하되, 자신은 말하지 마라'라고 한 거야.

✳ 글감으로는 '나'를 팔지만, 내가 주인공이 되면 안 된다

_____ 원고를 끌고 갈 때 주제에 맞는 에피소드는 반드시 집어넣어 주는 게 좋아. 글이 생동감이 넘쳐. 내가 처음 책을 쓰는 사람들에게 꼭 추천하는 글의 패턴이지. 어떤 글이든 밋밋한 설명문처럼 보이지 않으려면 자기가 이야기하고자 하는 메시지에 해당하는 구체적 사례를 넣어야 하거든. 그런데 여기서 조심할 게 있어. 자기 이야기를 하되, 자기가 주인공이 되면 안 된다는 거야. 글의 중심은 자기가 전달하려는 메시지라는 걸 항상 잊지 마.

독자들은 네가 하고자 하는 이야기에 관심이 있는 거지, 너 자체에 흥미가 있는 게 아니야. 너는 처음 책을 쓰는 작가이고, 인지도도 없어. 네가 무슨 스타이거나, 유명한 연예인이라고 착각하지 마. 내 말이 섭섭하다고? 아냐, 지금 그런 게 문제가 아니라는 걸 너도 알잖아. 현실을 똑바로 봐야 네가 하는 프러포즈가 성공할 수 있어. 지금 스타가 아니지만, 나중에 스타가 될 수도 있지. 그러려면 지금 당장 섭섭한 것쯤은 참아야지. 세상에 공짜가 어딨냐. 뭔가 쓰디쓴 걸 겪어야 결과물은 달콤할 수 있는 법이지. 물론 네가 금수저면 이야기는 또 달라지겠지만. 그러면 쓴맛을 안 느껴도 달콤한 순간까지 쉽사리 갈 수 있지.

하지만 우리 대부분은 흙수저잖아? 그러니 어쩔 수 없이 그 정도는 받아들여야 하지 않겠어? 출발점이 늦다고 투덜대는 순간에도 시간은 계속 흐르기 때문에, 일단 달려야 하는 거야. 알았지? 아니면 흙수저가 똥수저가 되는 일도 시간문제야. 머뭇거릴 상황이 아니야.

역사적으로 봐도 이렇게 불평등한 상황이 어제, 오늘의 일도 아닌데, 네가 잠시 소리친다고 될 일도 아니야. 진짜 힘을 가진 자리에 가야 그것도 먹히는 법이야. 그러니 더더욱 스타가 되어야지 않겠어? 유명한 작가가 되어야 그 목소리에 힘이 있고, 세상을 바꿀만한 조그마한 힘이라도 보탤 수 있는 거지. 그러려면 지금 내가 하는 섭섭한 소리는 그냥 참고, 약이라고 생각하며 들어야 해.

어쨌든 사람들은 네게 관심이 없어. 요즘 말로 하자면,

너 같은 존재에 '일'도 흥미 없거든. 그래서 미주알고주알 너에 대해 말한들, 그렇게 원고를 끌고 간들 왜 아까운 시간과 돈을 써가면서 네 책을 읽겠냐는 거지. 하지만 예를 들어, 네가 우울증에 관한 이야기를 쓴다면 어떨까. 그 우울증에 대한 메시지를 역동적으로 만들어줄 네가 겪은 에피소드를 넣을 때, 그 원고는 상품으로 가치가 있는 거야. 사람들은 우울증이 궁금해서 네 책을 읽는 거지, 너라는 개인적 존재에 흥미를 느껴 그 책을 보는 게 아니야.

물론 처음에는 우울증에 관심이 있어서 너의 글을 보지만, 자꾸 읽다 보면 바뀔 수도 있어. 우울증에 관한 이야기도 좋지만, 그 에피소드에 등장하는 작가 자체의 인간적 매력이 보일 수도 있어. 그러면 이제 독자는 슬슬 너에 관해 관심이 생기는 거지.

바로 이 지점까지 갈 수 있게끔 책 속에는 글의 소재로만 자기 경험을 팔아야 된다는 거지. 자기 존재 자체는 대놓고 드러내면 안 된다는 거야. 자기가 중심이 되어, 이야기를 밀어내버리면 안 된다는 거지. 지금 내가 하는 이야기는 굉장히 중요한 포인트야. 초보 작가들이 혼동하는 부분이 바로 이 지점이거든.

❋ 책의 승패를 가늠하는 감정선을 지켜라

_____ 자기 이야기를 생생하게 전달하라고 해서 자신을 마치 유명인처럼 생각해선 안 된다는 거지. 우리가 흔히 읽는 책은 유명인사가 쓴 책들이 많지. 그 저자의 팬들은 메시지도 중요하지만, 작가 자체를 좋아해서 그 책을 사거든. 이런 책을 우리가 자주 접하다 보니까, 자기도 뭐가 된 것처럼 자기 이야기를 주책없이 늘어놓는 법이지. 자기를 중심에 세우고 말이야. 그걸 혼동하면 안 되는 거야. 다시 한번 말하지만, 독자들은 네게 아무런 관심이 없어. SNS에 올리는 그 자식들 사진처럼 '민폐'인 거야, 네가 중심이 된다면.

심하게 말해서, 넌 그저 액세서리나 데코레이션일 뿐이야. 너의 책에서 너는 그냥 그 이야기를 떠받치는 에피소드를 장식하는 소모품에 불과해. 그 이상을 기대하면 네 책이 망해. 네가 주인공이 되는 책을 쓰려면 일단 성공하고 나서 하면 되는 거야. 일에는 순서가 있는 법이지.

이 선을 얼마나 잘 지키느냐가 책의 승패를 가늠한다고 해도 과언이 아니지. 독자들이 정서적 이질감을 느끼지 않도록 너는 글의 흐름에서 수면 아래로 내려가 있어야 해.

네가 하는 자랑이나 인생 이야기를 듣고자 이 불경기에 사람들이 얄팍한 지갑을 털어 네 책을 사는 게 아니거든. 우린 정신을 바짝 차려야 해. 그렇지 않으면 독자들이 가감 없이 불평해대는 서평을 달 거야. 요즘은 출판사에서 제공하는 책을 받아서 올리는 서평 이벤트에도 어림없지. 그대로 다 올라와. 물론 그중에는 정말 지극히 개인적인 의견도 있지만, 대부분은 새겨볼 만한 이야기를 솔직하게 해놓지. 다음 책 작업을 위해서는 그 서평들을 잘 참고해야 해. 행간의 속마음까지도 잘 분석해 봐야 하지. 그래야 독자들 심리를 따라잡을 수 있는 거야.

나는 처음으로 같이 작업하는 저자를 안내할 때 편집자로서 이런 이야기를 늘 해주고 있어. 하지만 이렇게 자세하게 이야기하는 건 매번 힘들어. 그것이 내가 이 책을 쓰는 이유이기도 하지. 앞으로 나와 같이 작업할 초보 작가들이 이 글을 읽고 나면 의사소통하기가 훨씬 쉬울 테니까 말이야.

책읽는귀족의 최근 신작인 『우울해도 괜찮아』는 이런 의미에서 아주 성공적이지. 담담하게 저자의 감정선을 유지하면서, 자기감정 속으로 함몰되는 실수를 결코 하지 않고 있어. 내가 지금 하는 이 이야기가 피부로 와닿지 않는다면 그 뛰어난 교본인 『우울해도 괜찮아』를 참고하도록 해. 이 책은 초보 작가들이 쉽게 구현해낼 수 없는 '글감으로는 자기를 활용하지만, 자신이 주인공이 되지 않는' 가장 모범적 사례 중의 하나거든. 서평들도 하나같이 이 점을 잘 집어내더라고. 이 포인트가 역시 대부분 독자의 공감대를 끌어내는 질적인 성공의 잣대인 것 같아.

딱 거기까지야. 자기 이야기를 구체적 에피소드로 삼되, 그 이상 깊게 들어가면 안 돼. 자기 감정선을 잘 유지하도록 해야 해. 내가 앞에서 내 이력 이야기를 구체적 사례로 들었지? 딱 그 선까지만 해야 해. 거기서 더 나가서 주절주절 내 이야기를 하면 그건 독자들과 멀어지는 지름길이지. 내가 말하고자 하는 요점은, 그 책에서 전하려는 메시지가 독자에게 더 잘 전달되도록 딱 필요한 선까지만 자기 경험담을 말하라는 거야.

편집자는 저자가 이런 선을 벗어났을 때 그걸 지적해주는 거야. 물론 이 '지적'이라는 말이 좀 심정적으로 거슬릴 수 있겠지. 그럼 순화시켜 보겠어. '의견'을 제시해주는 거야. 하하. 뭐 사실 그 말이나, 저 말이나 속뜻은 같은 것 아니겠어? 나는 돌려 말하는 게 제일 간지러워서 말이야. 어쨌든 저자의 원고 전체를 신처럼, 하느님처럼 꿰고 앉아서 볼 수 있는 안목을 가진 편집자를 만나야 제대로 된 책을 만들 수 있지.

그런데 사실 편집자가 그 맥락을 잘 짚어줘도 따라오지 못하는 작가도 많아. 특히 초보 작가들은 그렇고, 역량이 부족한 저자들도 그렇지. 그럴 때 성격 급한 편집자는 직접 수정하기도 하지. 아무리 말해도 더 완성도 있는 원고가 나오지 않을 때는 편집자가 교열을 보고, 일부 수정하는 메스를 들이대는 수밖에 없지 않겠어?

하지만 내가 이 책을 쓰는 이유는 능력 있고, 열정이 있고, 역량이 있는 초보 작가들을 만나기 위해서야. 물론 나는 최근에 만났어. 그것도 한 사람이 아니고 여러 사람을. 모두 다 초보 작가는 아니야. 내가 운영하는 유튜브 채널에 그런 이야기를 많이 해놓았어. 내 꿈은 나의 출판 기획을 입체적으로 잘 구현해낼 수 있는 작가들을 만나 '드림팀'을 꾸리는 거라고. 현재로선 일단 작게라도 드림팀을 꾸리고 있어. 그런데 그게 아주 최근의 일이야.

그래서 그 맛을 아주 오래 보려고 더 모으려는 거지. 좀 규모가 큰 드림팀을 갖는 게 내 계획이야. 그럼 강호의 숨겨진 뛰어난 인재를 만나, 내 출판 기획을 다양하게 실험해볼 수 있을 테니까. 그것이 이 책을 쓰는 주된 이유 중의 하나이기도 해. 난 바로 '너'를 만나기 위해서 이렇게 어깨가 아프도록 자판을 두드리고 있는 거야. 그것만 기억해줘! 나의 진정성을 말이야.

세상에 뿌려진 단어만큼!

자기야, 세상에 뿌려진 사랑만큼 단어도 많다는 걸 알고 있는 거야? 그런데 네가 소위 작가가 되려고 한다면, 어떤 장르의 작가이든 단어에 민감해야겠지? 그게 작가의 최소한 도리가 아닐까 싶어.

예를 들어, '껍질'과 '껍데기'를 혼동해서 사용하는 경우가 많지. '껍질'은 국어사전에 보면, '물체의 겉을 싸고 있는 단단하지 않은 물질'이라고 뜻풀이가 되어 있어. 반면, '껍데기'는 '달걀이나 조개 따위의 겉을 싸고 있는 단단한 물질'이라는 하나의 뜻풀이와, '알맹이를 빼내고 겉에 남은 물건'의 뜻풀이가 있지.

이것만 기억해. '껍질'은 말랑한 것에 사용하는 것, '껍데기'는 단단한 것에 사용한다는 것. 단어의 이런 섬세한 결까지 챙겨야 너도 작가라고 떳떳하게 말할 수 있지.

그런데 예전 노래 중에 이런 가사가 있어.

조개껍질 묶어 그녀의 목에 걸고 불가에 마주 앉아 밤새 속삭이네.

이제 알겠지? 사실 '조개껍데기'라고 써야 해. 한때 이 노래 가사를 두고, '조개껍질'이냐, '조개껍데기'냐 논란이 많았어. 하지만 이런 노래는 너무 굳어져서 뭐 어쩔 수 없지. '자장면'만 표준어였다가 일상에서 다수가 사용한다는 사회성을 인정받아 국립 국어원이 자장면과 더불어 '짜장면'을 복수 표준어로 인정했던 것처럼. 마찬가지로 이 '조개껍질'도 '조개껍데기'와 더불어 표준국어대사전에 당당히 등재되어 있어.

그러나 이런 논란까지 너도 상식적으로 알고 있어야

해. 왜냐하면, 너는 작가니까. 혹은 미래의 작가이니까. 네가 쓰는 글에는 이런 단어의 미묘한 결까지 알고 써야 하지. 작가는 세상에 뿌려진 단어만큼 그 단어에 대한 섬세한 감각이 있어야 하거든. 앞으로 단어를 골라 쓰는 재미를 들여야 해.

또 다른 사례를 이야기해볼게. '수고하세요, 고생하세요'라는 인사말이 있어. 그런데 이 말은 윗사람한테는 사용하면 안 되는 말이야. 이런 단어의 용례를 모르고, 윗사람에게 이 말을 사용하면 듣는 사람이 기분이 상할 수 있어.

우리나라의 언어생활에서 존댓말이 있듯이, 단어의 사용도 알아야지. '꼰대' 문화라고만 할 게 아니라, 언어의 사용에는 적절한 결이 있다는 건 알고 있어야지. 적어도 글을 다루는 사람이면 말이야. 다 알진 못하더라도, 이번 기회에 일단 관심부터 가지도록. 너의 관심과 자신감을 북돋우기 위해서 아주 흔한 사례를 하나 적어볼게.

단어의 걸, 너까지 사랑할게!

가르치다 : 지식을 알려 주다.
가리키다 : 무엇이 있는 곳을 말이나 손짓 등으로 일러 주다.

그럼 쉬어가면서 간단한 정보도 얻어 가는 이 자리는,

이만 안녕. 또 봐!

4

소비되지 않은 소재와 관점, '신선함'이 생명이야

사랑해. 몇 번이나 너에게 고백하고 싶어. 우리의 만남은 우연이 아닐 거야. 필연일 테지. 운명이고. 아주 오래전부터 이 우주가 그려놓은 계획일 거야. 너와 나의 만남. 아름다운 우리의 미래를 꿈꾸자. 함께 말이야. 늘 너를 그리워하는 이 현재의 순간이 지나고 나면, 미래의 어느 날에 나는 너와 함께하겠지. 그러기 위해선 난 이 책을 마쳐야 해. 그것도 아주 성공적으로. 내가 말하고자 하는 메시지를 확실하고 구체적으로 너에게 전달해야만 우리의 미래가 있는 거야.

나는 항상 강조하지. 글이란 신선해야 한다고. 작가란 모름지기 창의성이 생명이라고. 창의성은 구태의연한 것에서 나오지 않아. 여러 번 소비된 것은 우리가 찾는 신선함과는 거리가 멀어. 창작하는 사람이라면 이 점을 반드시 기억해야 해. 그런데 백날 말해봤자, 왜 들어오는 원고는 다들 그토록 참담하게 평범하고 닳도록 소모된 콘텐츠일까.

인생에도 훌륭한 멘토가 있다면 험한 여정을 살아가기가 훨씬 쉬울 거야. 글도 마찬가지지. 누군가 안내를 잘해줄 진정성이 있는 멘토가 있다면 가고자 하는 목적지에 충분히 도달할 수 있을 거야. 네가 바라는 출판사에 프러포즈하는 그 일 말이야. 나는 많은 사람이 헛수고하는 일이 적었으면 해. 나 역시 헛수고하는 걸 제일 싫어하거든. 난 쓸모없는 원고들을 읽을 때 허탈해. 물론 다행히도 나는 원고를 검토하는 데 그리 오랜 시간이 걸리지는 않아. 그래도 그 시간마저 아까워. 한두 건만 들어오는 게 아니니까.

요즘은 늘 위로하는 세상이야. 그런데 너마저, 위로하

는 원고만 쓰고 있어. 네가 뭐라고 위로를 하는 거야? 꼭 뭐가 되어야 위로하는 건 아니지만, 도를 닦았니, 아니면 힘든 과정을 거치고 어떤 성취를 이뤄내서 그 경험담을 바탕으로 위로를 해주는 거니? 아무리 올해의 출판계 키워드가 '위로'와 '힐링'이라지만, 어떻게 들어오는 원고마다 힐링과 위로인 거야? 그것도 심하게 말해서, 위로해줄 처지도 아니면서. 자기가 위로받아야 할 백수들이 남을 위로한다고? 인생에서 '누구나' 겪을 만한 일만 겨우 해 놓고는 도대체 무슨 이야깃거리로 책을 내겠다고 원고를 쓰는지 나는 도대체 이해가 안 돼.

물론 이렇게 말하는 게 너무 심한 소리라고 할 수 있 겠지. 하지만 누군가 입바른 소리를 해줘야 하지 않겠어? 소위 요즘 '사이다'라고 하는 속이 시원한 이야기. 나는 편집자 초짜 시절에는 이렇게 생각했어.

'누구나 인생에는 책 한 권 쓸 만한 이야깃거리는 있 다.'

물론 이 생각의 근본적인 바탕에는 아직도 변함이 없 어. 하지만 그 이야깃거리가 '아무거나'는 아니지. 난 출판사에 들어오는 개성 없는 원고를 볼 때마다, 정말 이런 이야기밖에 쓸 게 없나 하는 생각이 들어. 참신한 게 없어. 새롭지가 않아. 그러나 만일 그 저자와 오랫동안 이야기를 한다면, 마치 앞에서 내가 예를 들었던 〈교육신보〉 기자 시절처럼 그렇게 인터뷰하듯이 그 인생을 들여다본다면 틀림없이 신선한 소재가 있을 텐데 하는 안타까운 마음이 생기지.

✳ 왜 너여야만 하는가

_____ 내가 왜 너를 사랑하는지 아니? 왜 운명의 사람이 너여야만 하는지 그 이유를 알고 있니? 네가 프러포즈할 때 왜 '네 원고를 선택'해야 하는지 너는 알고 있어야 해. 그걸 알아야 네가 보낸 메일은 채택될 수 있는 거야. 네가 지금 글쓰기 교실에서 지도를 받아서 되지도 않는 자기계발서 쓰는 일에만 몰두해 있다면 당장 그만두라고 말하고 싶네. 그건 꼭 '네'가 아니더라도, 누구나 할 수 있는 일이야. 너만이 쓸 수 있는 신선한 콘

텐츠를 찾아야 해. 고정관념을 깨뜨리는 참신한 접근법. 그 관점을 넌 발견해야만 살 수가 있어.

지금 시중에는 글쓰기 책이 많이 나와 있지. 내가 지금 쓰고 있는 것도 글쓰기 책 중 하나라고 볼 수 있어. 다시 말하지만, 지금은 하늘 아래 새로운 소재는 없지. 하지만 관점의 차이가 다른 책을 만들어. 나도 오래전부터 책을 내는 일이 인생의 버킷리스트 중 하나인 많은 '너'를 볼 때마다 이런 책을 쓰고 싶었어. 그렇지만 글쓰기 책은 너무 흔해서 좀 망설여지더군. 하지만 출판 일을 하는 나로서는 가장 잘 아는 전문 분야가 '독서'와 '글쓰기'이겠지. 내가 관심이 있는 분야이기도 하고, 전문가로서의 지식과 경험을 활용할 수 있는 적합한 영역이기도 하지. 이건 또 내가 꼭 해야 하고, 애정을 가질 일이기도 하고 말이야.

그래서 생각을 했지. 어떻게 쓰면 보다 참신하게 전달될까. 그러던 중, 내게 창작의 영감을 주는 누군가를 만났고, 그 사람 생각을 하다 보니 이런 러브레터 형식을 띠게 된 거지. 작가는 자신의 모든 경험을 창작의 지렛대로 활용해야 하는 거야. 그 사연을 전면에 내세워서 전달하려는 메시지를 잡아먹으면 안 되지만, 그 틀을 아이디어로 활용하는 건 아주 좋은 창작의 자세야. 내가 이 이야기를 하는 건, 같은 소재라도 어떻게 글의 형태를 만들고, 관점을 유지하느냐에 따라 신선도가 높아진다는 걸 말하고 싶어서야.

넌 궁금하겠지. 그럼 어떻게 해야 고정관념을 깨뜨리고, 식상한 소재에서 벗어나 창의적인 관점으로 소재를 선택하고 글을 이끌어갈 수 있을지. 나는 네게 말하고 싶네. 그런 존재를 만나라고. 그런 사람을 두라고. 딱 한 번 만났을 뿐인데도 영감을 주는 사람이 있고, 매일 만나도 별 도움이 안 되는 사람도 있지.

만일 그런 사람이 주변에 없다면 작가는 가상의 뮤즈를 만들어서라도 창작의 신선도를 높여야 해. 예를 들면, 어릴 때부터 아이를 지켜주는 요정이 있다는 이야기가 있지. 책읽는귀족의 책 중에서 『요정을 믿지 않는 어른들을 위한 요정 이야기』를 보면, 어린아이를 지켜주는 요정에 관련한 재미있는 이야기들이 있어. 이처럼 작가는 이러한 상상의 세계 속 요정을 계속 지켜나가는 동심을 간직해야 하는지도 몰라. 왜냐하면 그런 순수한 동심과 상상력이 세상 사람들이 평범하게 보는 관점을 다른 창의적 관점에서 바라볼 수 있도록 하는 지렛대 역할을 하니까 말이야.

흔히 예술가들은 자신만의 뮤즈나 요정을 갖고 있지. 꼭 글을 쓰는 사람이 아니라도 음악을 하든, 영화를 만들든, 어떤 창작행위를 하든, 자기에게 영감을 주는 존재가 있다면 작업하기가 훨씬 신이 날 거야. 이 책을 쓰고 있는 지금, 나는 매우 즐기면서 하고 있어. 진짜 '너'를 생각하면서 너에게 하고 싶은 말을 하는 셈이지. 그런데 이 '너'는 또 한편으로는 다양한 너이지. 한번 스치듯 만났던 그 인연의 '너'로 인해 이 글의 형식인 러브레터의 아이디어가 떠올랐다면, 앞으로 만날 우리 책읽는귀족 드림팀의 '너'를 생각하기도 하고, 또 출판하고 싶은 꿈을 꾸는 더 많은 '너'를 마음에 두기도 하지.

이렇게 신선함은 어디서 올지 모르는 거야. 하지만 여러 번 강조하지만, 글은 반드시 신선해야 한다는 것. 네가 출판사에 프러포즈할 때 보내는 원고는 더더욱 신선해야 하고, 또 상품이 될만한 책의 콘텐츠는 신선 그 자체여야 해. 그래야 출판사는 왜 '너'여야만 하는지 그 이유를 알게 될 거야. 네가 주는 그 신선함이 왜 너여야만 하는지에 대한 대답이 될 테니까.

✷ 세상에 뿌려진 원고만큼 수많은 이야기 속에서

_____ 독서력이 어느 정도 있고, 살아오면서 많은 책을 접한 사람이라면 이 세상에는 정말 많은 이야기가 있다는 걸 알지. 나도 그중의 한 사람인데, 나는 영화까지 수백 편, 아니 그 이상으로 많이 봐서 정말 인간이 할 수 있는 이야기가 어디까지인지 이제 감이 잡히고도 남아.

그래서 나중에 독립영화도 만들고 싶은 꿈이 있는 나로서는 이 '스토리텔링'에 관해 정말 많은 생각을 하게 돼. 지금까지 나온 수많은 책과 영화, 나는 앞으로 어떤 책과 영화를 만들어야 새로운 역사를 창조할 수 있을까를 말이야. 그래서 더 참신한 이야기를 창작할 수 있는 '너'에게 목이 마른 셈이지.

시골에 가서 밤하늘을 보면 정말 많은 별이 보석처럼 흩어져 있어. 그런데 이 세상의 책을 보면 그 수많은 별처럼 인간이 할 수 있는 이야기는 다 한 게 아닌가 싶어. 게다가 출판 일을 하면서 출판되지 않은, 다양한 원고들을 접할 때마다 그런 생각은 더 짙어지고 분명해져. 그렇다면 과연 내가 할 일은? 나는 어떤 책을 쓰고, 어떤 원고를 찾아내서 책을 만들어야 할까? 이런 원초적인 고민을 안 할 수가 없는 거지.

내가 제일 싫어하는 건 남들이 다했던 일을 다시 하는 거야. 굳이 내가 거기에 한 숟가락 더 얹는 게 정말 싫어. 설사 일정한 돈이 생긴다고 해도 그런 일은 피하고 싶어. 이미 만들어진 비슷한 책을 만드는 게 정말 꺼려지는 거지. 그런데 앞에서도 말했지만, 하늘 아래 새로운 건 없어서 무조건 관점을 달리 비틀어야 하는 거야. 그걸 할 수 있는 역량 있는 '너'를 만나야 가능해. 물론 그 관점은 내가 대신 혹은 함께 봐줄 수도 있어. 그러려면 기획 단계부터 함께해야지. 하지만 네가 보내오는 원고를 보면 새로운 관점으로 원고를 끌고 갈 수 있는 재능이 있는 작가인지를 가늠해볼 수 있어.

또 이 책을 보는 '너'는 꼭 책읽는귀족 출판사에만 원고를 투고하지는 않을 거잖아. 어디서든 출판사에 하는 프러포즈의 성공 확률을 높이기 위해 내가 지금 속을 까놓고 보여주는 거지. 출판 일을 오래 하면 그래도 원고를 보는 눈은 서로 비슷해지거든. 물론 책을 만드는 가치관이 좀 다른 출신이라면 판단하는 게 또 다를 수 있지. 예를 들어, 원고를 검토하는 담당자가 영업자 출신이라면 판매와 영업적 가치를 선택의 우선순위에 둘 수 있지. 반면에, 편집자 출신이라면 그 원고의 질적 가치에 더 중점을 둘 수도 있어.

그런데 잘된 원고는 누가 봐도 잘됐다는 걸 알 수 있어. 왜 그런 것 있잖아. 어중간하게 생기면 그 외모의 판단이 보는 사람의 개인적 취향에 따라 달라지지만, 정말 예쁘거나 잘생겼으면 누가 봐도, 취향과 상관없이 '훌륭한 외모이다'라는 평가를 하듯이 말이야. 원고도 마찬가지지. 정말 뛰어난 원고면 어느 출신이든 상관없이 모두가 하나같이 '대박' 원고라는 평가를 내보일 거야.

나는 너에게 그런 뛰어난 원고를 쓰라는 말은 하지 않겠어. 그런 원고를 쓰는 사람은 정말 손에 꼽을 정도이니까. 출판계에는 이런 말도 있지. 베스트셀러는 하늘이 내려주는 거라고. 그러니까 그 경지까지 오른 원고를 보내야 한다는 강박증은 안 생기게 해줄게. 그냥 참신하고 독특한 원고를 쓰도록 해. 그러면 일단 고려의 대상이 되는 거지. 내가 장담할게.

내 경우에는 그런 원고를 보면, 설사 그 원고가 시장성이 없다고 해도 제안을 하지. 다른 원고 작업을 나와 함께 하겠냐고. 그럼 그 원고 자체는 아니더라도 네가 했던 프러포즈는 일단 성공한 것 아니겠어? 너의 색깔을 보여주는 원고를 보낸다면 어느 담당자든 너에게 일단은 주목할 거야. 나는 그 단계까지라도 네가 가기를 바랄게.

진정성이 글의 생명!

자기야, 글을 쓸 때는 뭐니, 뭐니 해도 진정성이 가장 기본이어야 해. 너의 순결성을 잃지 마. 이 말이 무슨 말이냐 하면, 네가 쓰는 원고는 너 자신이야. 너의 영혼이 깃들어 있다고 마음먹어야지. 그러니 네 원고에 거짓을 섞어 쓸 생각은 아예 하지 마.

읽는 사람들이 모르겠지, 생각하겠지만 다 알아. 적어도 글을 오랫동안 다뤄왔던 베테랑 편집자들은 다 알지. 네 글이 진실한지, 아닌지. 예를 들어, 너 자신의 이야기를 하면서 속된 말로 '뻥'을 치거나, 기본적 사실을 사기친다면 될까, 안 될까? 넌 이렇게 말하겠지.

"에이, 누굴 사기꾼인 줄 아나?"

그래, 일반적인 사람들은 안 그러겠지만, 혹시 몰라서 내가 노파심에 짚고 가는 거야. 세상엔 수많은 사람이 있으니까. 그들은 다양하니까 말이야. 우린 함께 태어나고 자란 게 아니잖아? 아주 다른 환경에서 살아왔으니 난 널 잘 모르지.

그런데 내가 지금 말하는 것이 소설이나 시 같은 문학 작품을 이야기하는 게 아니라는 건 알겠지? 그거야 어차피 기본 바탕이 허구잖아. 내 말은 에세이나 인문 같은 장르를 쓸 때 말이야. 물론 자기계발도 그렇겠지만. 자기 이야기를 하면서 기본적 사실을 일부러 다르게 말하는 건 절대 금물이야. 하나의 사실이 그 진정성에 금이 가기 시작하면 글 전체의 신뢰가 무너져. 아무리 사소한 것이라도 진정성은 생명이야.

기왕 말이 나와서 하는 말인데, 글에 대해 진정성을 가지려면 글을 좀 신성시하는 자세가 필요해. '글에 대한 존중' 말이지. 글을 사랑해야지. 사랑하는 대상은 존중

해주고 아끼잖아? 관심도 많이 가지고. 자기야, 글을 많이 사랑하자. 그래야 좋은 글이 나오는 법이야. 사랑하는 대상에는 함부로 할 수가 없잖아? 그러니 글을 사랑하면 글 실력이 점점 좋아질 수밖에. 단어 하나도 골라 쓰게 되고, 한 문장, 한 문장 정성을 다할 테니까.

특히 에세이를 쓸 때는 자기 인격이 다 나오는 법이지. 그러니 더 조심해야 해. 네가 무심코 쓴 글이 독자에게 거짓말쟁이 같은 인상을 심어주면 안 되지. 네가 성질이 더럽다거나, 성격이 모난 것까지야 괜찮아. 그런 건 넓게 생각하면 개성일 수 있지. 작가가 좀 특별한 성격을 가진다는 건 있을 수 있는 일이잖아? 하지만 네가 거짓말하는 사람인 것 같으면 그땐 이미 그 글은 향기를 잃는 거야.

난 그렇게 생각해. 작가는 특히 영혼이 맑은 사람이어야 한다고. 예술을 하는 사람은 순수하잖아. 내가 너무 이상적이라고? 그래, 어쩌면 그럴지도 모르지. 실제로 영혼이 안 맑은 사람들도 많지. 요즘 뉴스를 보면 말이야. 하지만 나와 함께 작업할 너라면 영혼이 순결했으면 좋겠어. 진정성으로 가득 찬 너이길 바랄게. '하늘 우러러 한 점 부끄럼이 없기를', 이 시구를 실천할 순 없다고 하더라도 소망이라도 했으면 좋겠어. 예를 한번 들어볼게. 이 사례는 예전에 어떤 원고에서 본 거야. 또 다른 관점에서의 작가의 진정성에 관한 이야기인 셈이야.

작은 거짓도 네 영혼 같은 원고에 깃들게 하지 말길!

→ 남편의 책이 나왔다. 나는 마치 전혀 상관없는 독자인 것처럼 서평을 올렸다. 나부터라도 나서서 적극적으로 홍보를 해야 할 것 같아서였다.

이 구절이 문학이면 괜찮아. 글 속의 '나'는 허구의 인물이니까. 하지만 에세이면 곤란해. 작가가 이런 거짓에 무감한 사람이라는 것이 보이잖아? 네 인격이 보이는 셈이야. 그런 네 책을 읽고 싶겠어? 아무리 사소하더라도 거짓에 무감한 작가가 쓴 글은 무엇이라 하더라도 이미 향기를 잃은 셈이야.

실제로도 이런 도덕적 감각이라면 내게 원고 보내지 마. 우린 맞지 않아. 난 너와 함께 작업할 수 없어. 이런 작가가 쓴 책을 만들고 싶지 않아. 내가 만든 책은 이런 의미에서 신성하길 바라. 설혹 널 잘 몰라서 내가 만들게 되면 난 널 원망할 거야. 그러니 네 영혼 같은 글과 네 삶에 사소한 거짓도 깃들지 않도록, 평소 진정성에 대한 감각을 섬세하게 키워야 해. 우리가 만드는 책에는 어떤 의미에서든 한 톨의 거짓도 섞이지 않도록 해야 해. 여기까지야.

나는 항상 강조하지,
글이란 신선해야 한다고.
작가란 모름지기 창의성이 생명이라고.

나는 처음 책을 쓰는 사람들에게 항상 당부하는 말이 있어.
원고를 작성할 때는 늘 자기 앞에 어느 특정 사람이 앉아 있다고 생각하면서
글을 쓰라고. 정말 눈앞에 어떤 사람이 있다고 상상하면서 쓰는 거야.
그 사람에게 말을 하듯이,
그 사람이 정말 듣고 있는 것처럼 생각하면서 쓰는 셈이지.

PART 3

사랑하는 자기와의
출판 기획 상담

출 판 사 에 프 러 포 즈 하 는 법 !

1

주부라면, 이렇게 상담해줄 거야

사랑하는 나의 자기야. 우리가 미래에 어떤 모습으로 만날지 알 수 없지. 네가 주부일지, 공무원일지, 혹은 회사원일지, 또는 의사일지, 변호사일지, 세무사일지 지금으로는 알 수가 없지. 또 현재로선 아무 일도 안 하는 백수일지, 도무지 알 수가 없어.

그래서 네게 딱 맞는 기획을 지금 해줄 수는 없어.

그러나 이번에는 그래도 몇몇 경우를 가정해서 네게 알맞은 출판 기획을 가상의 상담 방식으로 알려줄게. 실제로 우리가 앞으로 만난다면 더 다양한 출판 기획의 보물찾기를 할 수 있을 거야.

여기서는 일단 몇 가지 경우만 소개해 볼게. 그러나 이건 문자 그대로 '빙산의 일각'일 뿐이야. 그냥 조금 맛만 보라는 거지.

때로는 좀 직설적인 상담이 될 수도 있어. 그런데 놀라지 마. 실제로 만났을 때 내가 대놓고 이런 식으로 말하진 않을 테니까. 여기서는 좀 '충격 요법'이 필요하기에 독설이 나갈 수도 있어. 그래야 네가 현실을 직시할 수 있으니까 말이야.

나 안녕하세요. 책을 쓰고 싶다고 하셔서 이렇게 뵙게 되었습니다. 반갑습니다.

너 네, 저는 그냥 평범한 주부예요. 집에서 살림만 해 오다가 이제 아이들 다 키워놓고 책을 한번 써보고 싶어서요. 그동안 아이들 키우면서 책도 많이 읽고, 습작도 좀 해왔어요. 그래서 작가로 나서보고 싶어요.

나 아, 그렇군요. 그런데 '평범하다'고 스스로 생각하지 마세요. 평범한 사람이 쓴 책을 누가 사볼까요. 다 같이 평범한데, 또 평범한 사람의 글을 굳이 피 같은 돈을 쪼개서 책을 사볼 것 같나요? 작가는 평범함에서 비범함을 끌어올릴 수 있는 사람이라야 해요. 자기가 평범하다고 전제한다면 비범한 구석을 찾아낼 수 없죠. 그게 고정관념이에요. 자신이 평범하다는 생각. 이 세상 누구나 다 달라요. 평범하지도 않고. 다 개성이 있죠. 자기의 그 특별한 구석을 찾아서 책을 써야 해요. 그 조각을 찾는 일이 기획의 시작이죠.

너 그런가요? 이제 알았어요. 제가 비범할 수도 있다는 걸. 저는 제가 특별하다고 생각하는 게 겸손하지 않다고 생각해 왔어요. 그리고 제가 이제까지 살아오면서 딱히 특별한 일도 한 게 없고요. 그냥 또 마음속으로는 가끔 제가 특별했으면 좋겠다는 생각을 한 적이 있지만, 남들 앞에서 그걸 드러내놓고 말하기가 어쩐지 창피해서요. 남이 들으면 조롱할지도 모른다는 생각이 들어 두려운 걸요.

나 자신이 평범해야 하고, 남과 다르지 않아야 하고, 특별한 구석이 있으면 안 된다고 생각하는 그런 심리적 족쇄를 떨쳐 버리세요. 책을 쓰려면 그런 심리적 방어막을 던져버려야 해요. 님은 찾아보면 아주 개성 있는 구석이 하나라도 있을 겁니다. 쓰고 싶은 글은 있나요?

너 글쎄요. 마땅히 없으니까 이렇게 상담하러 온 거겠죠. 또 있다고 하더라도 제가 출판 전문가가 아니니까 이런 게 책이 될지 어떨지 잘 모르겠어요. 아이를 키워왔으니까 양육에 관련된 걸 써볼까 싶기도 하고요.

나 양육과 관련된 책은 참 많아요. 넘쳐 흐르죠. 게다가 양육에 관련된 책들은 뭔가 특별한 성과물이 있어야 사람들 시선을 끌죠. 예를 들면, 교육전문가가 유대인 교육법을 연구해서 이야기해놓은 책 같은 경우죠. 또는 자기 자녀를 하버드대 같은 최고의 학교에 보냈던 경험이나, 뭔가 특별한 건더기가 있어야 해요. 그래야 소위 상품이 될만하고, 조금이라도 팔릴 걸 기대해볼 수 있죠. 자녀중에 혹시 좋은 대학에 간 아이가 있나요?

너 아니오. 그런 건 아니죠. 그냥 다들 평범해요. 다 고만고만한 대학에 갔고, 대학에 못 간 아이도 있고요.

나 요즘은 사실 유대인 교육법도 너무 소비가 많이 된 콘텐츠죠. 일류대학에도 자녀를 한 명 보내고선 또 명함도 못 내밀어요. 여러 명을 보낸 경우라면 모를까, 사실 한 명 정도도 새로울 게 없어요.

너 그럼 저는 어떤 소재로 글을 쓰면 좋을까요? 지금으로서는 마땅히 떠오르는 게 없네요.

나 혹시 이제까지 자녀를 키우고 살림을 해오시는 것이외에 관심이 있는 분야는 없었나요? 취미생활이나 활동 같은 것이라도 있으면 이야기해주세요. 하나도 빼놓지 말고 자기 인생을 한번 훑어보세요.

너 글쎄요, 잘 모르겠어요. 바쁘게 살다 보니까 독서 이외에는 딱히 별 취미도 없는 것 같고. 아이들 키우느라 정신없이 지내서 별로 특별히 관심을 기울인 것도 없어요. 돌아보니 정말 횅하네요, 제 인생이. 아이, 남편 빼고 나면 남는 게 없네요. 제가 스스로 뭔가를 이루어 놓은 게 이렇게 아무것도 없다니 정말 너무 허무하네요.

나 바로 그거군요. 해답을 찾았어요. 제가 한 가지 제안을 하죠. 사실 책이라는 게 사람들에게 어떤 울림이나 감동을 주거나, 사회적으로 전하는 메시지가 있거나, 재미가 있거나, 새로운 정보를 주거나 등등 이러한 것 중 하나라도 맞아야 하죠. 아니면 뭐 일기밖에 더 되겠어요? 그런데 방금 해주신 말씀 중에 님이 쓰실 소재를 찾았어요. '여자의 인생'에 대한 책을 써보시는 게 어떠세요?

너 정말요? 제가 쓸 수 있을까요? 제 인생이 그리 특별난 것도 아닌데. 뭘 쓰면 좋을까요.

나 아, 제발 그놈의 '평범', '특별하지 않다'는 생각에서 벗어나세요. 누구나 인간이면 다 특별해요. 세상에 똑같은 사람, 똑같은 인생이 어디 있나요? 그런 생각이 자꾸 님의 글감의 폭을 좁히는 거예요. 그 '평범함의 감옥'에서 빨리 탈출하세요. 사람은 생각의 결과물이에요. 자기가 스스로 정의 내린 대로 흘러갑니다. 님이 자신을 평범하다고 생각하고, 님의 인생이 특별할 것이 없다고 생각하면 그냥 진짜 그렇게 되는 거예요. 하루빨리 벗어나세요. 그렇지 않으면 책이든, 글이든 제대로 되지 않을 테니까요. 설사 책을 쓴다고 해도 님의 말대로 '평범한' 글밖에는 못 쓸 거예요. 작가로선 굉장히 위험한 경보입니다. 앞으로는 '평범'이란 말과 친하게 지내지 마세요.

너 그럴게요. 전 작가가 정말 되고 싶어요. 책도 내고 싶거든요. 많은 사람이 제 책을 읽었으면 좋겠어요. 또 제 인생이 무지개처럼 특별하고 다양한 색을 띠기를 소망해요.

나 그래요. 그런 마음 자세, 좋습니다. 이제 제가 구체적으로 출판 기획을 설계해드리죠. 님은 어렸을 때는 딸이었고, 어른이 되었을 때는 누군가의 어머니였어요. 그리고 또 누군가의 아내이기도 하죠. 이 여자의 생애를 님이 자신의 경험을 바탕으로 쓰는 거예요. 그 핵심은 방금 말씀하신 대로 남편 뒷바라지하고, 아이들 다 키워놓고

나니 님이 이루어 놓은 게 없어서 허전한 그 심정입니다. 딸로서 자라면서 겪었던 차별 같은 것도 함께 버무리면 좋겠죠. 요즘 우리 사회에 뜨거운 이슈 중 하나가 '남혐, 여혐' 문제입니다. 이걸 님만이 겪은 개인적 경험을 토대로 다시 재구성하는 거죠. 제가 아는 K는 자라면서 이런 경우도 겪었다네요. K는 오빠와 같이 자취했는데 집에 내려갈 때면 항상 같이 가곤 했다죠. 그때는 엄마가 굉장히 반기면서 맛있는 음식도 금방 차려서 내오고 경사라도 난 듯 떠들썩했대요. 그런데 가끔 혼자 내려가면 엄마는 화가 나서 거들떠보지도 않고, 왜 오빠가 안 오는지만 캐묻고 신경질을 부렸다죠. K는 이런 게 참 상처가 많이 되었다네요. 같은 자식인데 엄마에게는 왜 항상 열외인 존재인지 이해가 안 되었고, 엄마와 같이 있거나 대화할 때면 한없이 무의미해지고 초라해지는 자신을 발견했다는 거예요. 그래서 K는 엄마와 전화를 하는 것조차 굉장히 꺼려졌다는 거죠. K의 엄마는 오빠 이야기 이외에는 화제로 삼지도 않았고, 밥때가 넘어서 식사도 거른 채 전화를 받는 K에게 밥은 잘 챙겨 먹느냐는 의례적 인사도 엎드려 절받기 식으로 따져 물어야 겨우 물어봤다는 군요. 그야말로 오빠 이외에는 안중에도 없는 엄마와 통화할 때면 K는 기분이 너무 더러워졌다고 하더군요. 다른 곳에서는 얼마든지 존재감이 있는 자기가 엄마에게는 아무런 존재도 아닌 것같이 느껴져서. 이런 경험처럼 님도 딸로서 살아왔던 심리적 상처, 또는 여자로서 우리 사회에서 살면서 겪었던 불평등한 경험들을 글로 쓰는 거예요. 그러면 님이 제일 잘 아는 경험담이니까 쓰기가 참 쉽고 편할 거예요. 엄마가 되어서 직접 아이를 키워보니 또 어떤 마음이 드는지 그것까지 잘 챙겨서 쓰면 아주 특별한 이야기가 될 것 같네요. 그런 글은 님이 아니면 아무도 못 쓰죠. 님의 경험담을 말이죠. 세상에 하나뿐인 책이 되겠죠?

너 아, 맞네요. 저도 당연히 딸로서 겪은 상처가 많아요. 제게는 남동생이 있었거든요. 항상 아버지와 어머니는 남동생 위주로 뭐든지 하셨어요. 제 위로 언니들이 있는데도 뭐든지 첫 순위는 남동생이었죠. 나이순도 아니고요. 용돈도 매번 남동생이 제일 많이 타갔어요. 대학도 남동생만 재수를 시켰고, 언니들은 대학에 떨어져도 재수는 말도 못 꺼냈죠. 언니 중에는 대학을 못 간 언니도 있고요. 대신, 직장에 들어가서 돈을 벌어 그걸 남동생 학비로 썼죠. 집안 생활비도 보태고요. 그런 이야기는 정말 쓸 게 많아요. 또 아이들 키우면서 제가 느낀 것도 많고요. 저도 한번 그런 이야기를 써보고 싶네요.

나 그랬군요. 뭐 우리나라에 살면서 그런 경험을 겪지 않았던 딸들은 별로 없겠죠. 그게 부잣집이든, 가난하든 알게 모르게 차별은 분명히 존재하죠. 그런데 그런 이야기를 남혐, 여혐의 이분법적 문제로 몰아가지 말고, 기획의 방향을 잘 살려야 해요. 우리 사회에 현재 불고 있는 남녀 간의 증오심은 사실 부모 세대가 부추긴 면도 있어요. 더 올라가면 그 부모를 키운 부모 세대도 책임이 크겠죠. 더 올라가면 우리의 뿌리 깊은 남녀차별 사상이 그 근원이겠죠. 이렇게 한 개인의 경험담을 나열하면서도 전체적인 흐름은 사회적 현상과 역사적 뿌리까지 아우르는 글쓰기가 되어야 의미가 있어요. 아니면 개인의 일기밖에 더 되겠어요? 또는 하소연이나 한풀이, 넋두리밖에 안 되죠. 글쓰기는 '연결'이 중요합니다. 개인적 경험을 승화시키는 '고리'가 글 안에 있어야 해요. 연결 고리를 만드세요. 그 장치가 글이 죽느냐, 사느냐의 문제를 결정하죠.

너 네, 좋은 말씀 잘 들었어요. 이제까지 제가 몰랐던 글에 대한 관점이네요. 어서 빨리 이 글을 써보고 싶어요. 그런데 '연결 고리'의 장치에 대한 문제는 제가 잘 해낼지 모르겠네요.

나 일단, 차례부터 작성하세요. 글에 있어서 차례는 건축의 설계도면이죠. 집을 지으려면 설계도가 있어야 하듯이, 글을 쓰려면 차례가 있어야 합니다. 먼저 차례를 쓰시고, 그 차례를 제게 보내주세요. 제가 피드백을 드릴게요. 그 차례가 여러 번 수정되어서 통과되면, 그다음에는 한 꼭지씩 써서 제게 보내주세요. 피드백을 드리겠습니다. 그렇게 완성해 가면 됩니다. 글 속의 연결 고리는 보내주시는 글의 수위를 살펴보면서 함께 의논해 풀어나가도록 하죠.

　　너 네, 감사합니다. 어쩐지 즐기면서 글을 쓸 수 있을 것 같아요. 벌써 기대되네요. 빨리 차례를 구상해서 보내도록 할게요.

사람의 향기!

앞에서 내가 '거짓의 스멜'이 피어나는 글은 쓰지 말아야 한다고 이야기했지? 이번에도 향기에 대한 거야. 바로 '사람의 향기!'

이건 또 뭐냐고? 내가 이제까지 여러 작가와 작업해 봤고, 내가 직원일 때 기간까지 합하면 수백 권의 책을 만들었을 거야. 책으로 미처 나오지 못했던 수많은 원고 검토까지 포함하면 거의 뭐 일천 여건 이상의 원고를 봤다고 해도 과언이 아니지. 그런데 내가 그 글들을 보면서 이상하게 생각했던 점을 말해볼까?

뭐냐 하면, 정말 문법적으로도 잘 썼고 구성도 잘 됐는데 이상하게 뭔가 부족하다는 느낌을 받는 글이 있어.

그게 뭘까, 계속 생각해 봤어. 처음에는 몰랐지. 내가 편집자 초보 시절에는 몰랐던 건데, 나중에야 알게 됐어. 그런데 그런 책들은 다 잘 안 팔린다는 공통점이 있었어. 그 이유가 뭔지 아니? 바로 '사람의 향기'가 빠졌던 거지! '휴머니즘'이 없다는 거야.

내가 생각할 때 모든 글은 다 사람이 쓰기 때문에 모두 다 휴머니즘이 깃들어 있어야 한다고 봐. 이건 어디까지나 내 개인적 의견이야. 그 사람의 향기가 뿜어 나오거나, 최소한 스며있어야 해. 그럼 넌 이렇게 말할 수도 있겠지. 앞에서 '자기 이야기는 하되, 자신은 말하지 마'라고 해놓고는 또 무슨 소리냐고.

그래, 맞아. 네 개인적 이야기를 듬뿍 해놓으라고 하는 말이 아냐. 어떤 이야기를 하든, 글에는 '관점'이라는 게 있잖아? 간단하게 말하면, 그 관점이 '사람의 향기'가 나야 한다는 뜻이야. 예를 들어서, 다음과 같은 글을 보자. 네가 이해하기 쉽게 예전의 어떤 원고에서 봤던 걸 단편적으로 내가 재구성한 거야.

사람의 시선에 따라 글의 냄새가 달라진다!

→ 어느 날, 사람이 북적거리는 풍물 시장에 갔다. 여기저기 신기한 물건들을 많이 내놓고 팔고 있었다. 나는 거기서 평소 관심이 있던 옛날 보석함을 발견했다. 주인에게 물건이 얼마냐고 물었다. 10만 원이었다. 나는 오만 원에 해줄 수 없냐고 말했다. 물건 주인은 새벽부터 멀리서 온 거라 그만큼 깎아줄 수는 없다고 했다. 이런 걸 팔아서 한 달에 별로 벌지도 못한다고 울상이었다. 하지만 난 다 상술인 것 같았다. 그래서 악착같이 깎아서 결국, 6만 5천 원에 사서 돌아왔다. 정말 뿌듯했다. 내가 원하던 물건을 보다 저렴한 가격으로 '득템'해서, 오늘 하루는 보람찬 것 같다.

자, 어떤 것 같니? 이 글에서 휴머니즘이 안 느껴지는 이유를 알겠지? 내가 말하는 '사람의 향기'가 이런 거야. 이 글의 저자의 관점을 한번 보자. 저자는 이 글의 시선의 포인트를 자기가 저렴하게 보석함을 샀던 것에 두었어.

여기서 비껴가거나 혹은 놓친 관점이 있어. 바로 새벽부터 나와서 그 보석함을 팔고 있던 상인 말이야. 그 상인의 처지는 시선의 중심에서 비켜나 있어. 이게 바로 휴머니즘적 시각이 없는 글이야. 같은 사건의 서술이라도 저자가 세상과 사람에 대한 어떤 시선과 관점을 갖고 있느냐에 따라 그 글의 향기가 달라져. 이제 내가 무슨 이야기를 하는지 알겠지?

하지만 네게 거짓을 담으라는 말은 안 하겠어. 글은 너 자체야. 너의 향기이고. 네가 원래 그런 휴머니즘이 없는 사람인데, 일부러 거짓으로 꾸며서 인간적인 척을 한다면 그것도 안 돼. 글은 진실해야 하지.

단지, 이런 차이점이 있다는 걸 그냥 알려주고 싶은 거야. 휴머니즘이 담긴 글을 쓰려면 우선 너 자신부터 실제로 사람의 향기가 나야 해. 그런 글을 진짜 쓰고 싶다면 너 자신부터 바뀌어야지. 세상과 인간을 바라보는 관점 말이야. 난 궁극적으로 이 이야기를 해주고 싶은 거였어.

'사람의 향기'가 피어나는 글을 써봐. 그런 글이 독자들에게 울림이 더 크게 전달되는 법이지. 하지만 인위적인 향이 들어간 플라스틱 꽃처럼 진정성이 없는 글은 더 구린 냄새가 진동할 거야. 그러니까 넌 진짜로 사람의 냄새가 나는 글을 써야 해. 이제 내가 말한 '관점'과 '시선'에 대해 이해했을 거야. 그다음은 너의 몫이야.

2

회사원 이라면, 이렇게 상담해줄 거야

　사랑하는 자기가 책을 쓴다면 내가 일일이 출판 기획 상담을 해주고, 차례 잡는 것도 방향을 잡아주고, 원고 피드백도 상세하게 해줄 텐데. 원래 출판기획자는 그 책의 방향을 잡아주지. 나는 출판기획자 겸 편집자이니까 '풀코스'로 너를 안내해줄 수 있을 거야. 단, 네가 책을 내고 싶다는 강렬한 의지만 있다면. 우리는 좋은 팀을 이뤄서 작업할 수 있겠지. 자, 그럼 또 가상의 상담을 한번 해볼까. 이번엔 네가 회사원이네.

나 안녕하세요. 책을 출판하고 싶다고 메일을 보내오셨군요. 그런데 보내오신 원고는 책읽는귀족 출판사 방향과 좀 맞지 않는 장르이더군요. 책읽는귀족은 자기계발서는 출판하지 않거든요. 책읽는귀족의 주된 출판 분야는 인문, 그리고 문학, 청소년 등이 있어요. 교육 쪽도 좋은 원고만 있으면 출판할 마음은 있지요. 이미 출판된 교육 분야도 있고, 실용 분야도 건강서에는 관심이 있습니다. 그런데 뭐니 뭐니 해도 책읽는귀족의 가장 주력 분야는 '인문'이죠. 그건 제가 철학을 전공했기에, '출판으로 철학한다'는 제 개인적 신념이 뒷받침되었기 때문이에요. 님의 원고가 책읽는귀족의 출판 방향과 맞지는 않지만, 글은 잘 썼기 때문에 혹시 다른 책을 기획해드리면 다시 쓰실 의향은 있으신가요?

너 아, 네 그렇군요. 자기계발서가 제일 쓰기 편해서요. 제 글을 칭찬해주셔서 감사합니다. 기획해주신다면 제가 한번 써보겠습니다. 어떤 걸 생각하고 계세요?

나 그건 이제부터 슬슬 알아가 봐야죠. 그럼 무슨 일하세요?

너 네, 회사원입니다. 회계를 맡고 있어요.

나 그럼 뭘 전공하셨나요? 회계 쪽이세요?

너 네, 전공은 경제경영입니다. 그래서 제가 경제경영 관련한 자기계발 원고를 쓴 겁니다. 전공을 살리려고요.

나 네, 전공을 살리는 것도 좋긴 하지만, 경제경영을 전공하신 분들도 워낙 많고, 또 자기계발서는 이제 포화 상태이거든요. 보내오신 원고를 보니까 이제까지 출판 시장에서 너무 소비가 많이 된 소재더군요. 전혀 새로울 게 없어요. 아마 그 원고가 책으로 나온다고 하더라도 잘 안 팔릴 것이 뻔해요. 게다가 자기계발서는 한 달 안에 승패가 결정이 나는데, 거기서 아웃되면 다음 기회도 잘 없거든요. 하지만 인문이나 문학 쪽은 처음 나왔을 때 잘 안 팔려도 생명력은 나름 긴 편이에요. 원고만 좋다면 도서관 추천도서도 될 수 있고, 또 어떤 계기로 한참 있다가 잘 팔릴 수도 있어요. 원고만 괜찮으면 처음엔 잘 안 팔려도 입소문을 기대해볼 수 있죠. 하지만 자기계발서는 한 달 안에 승패가 나버리면 더 갈 곳이 없어요. 그걸로 '끝'일 가능성이 높거든요.

너 아, 그렇군요. 그럼 제가 어떤 걸 쓰면 좋을까요?

나 네. 그걸 알아보기 위해 지금 이렇게 대화를 나누는 거죠. 제가 님을 그래도 좀 알아야 맞춤형 출판 기획을 해드릴 수 있거든요. 님에게 딱 맞는 출판 기획이 뭐가 있을지 지금 탐색 중이에요. 혹시 취미가 있으세요?

너 네, 저는 평소 글쓰기에 관심이 많아서 책 읽는 것도 좋아합니다. 그래서 독서가 취미에요. 도서관에 가서 책들을 많이 빌려 읽는 편이에요. 책을 좋아하니까 책값도 많이 들고 해서 쉬는 날이면 도서관을 자주 방문하고 있어요.

나 이제 좀 뭔가가 보이기 시작하는군요. 그렇다면 도서관에 머무는 시간은 많으세요? 한번 가시면 오래 있나요? 그리고 도서관은 가까운 곳만 이용하세요?

너 네, 쉬는 날에는 한번 가면 종일 있는 편이에요. 심지어 휴가 때 도서관에서 살던 적도 있어요. 도서관에 가 있으면 마음이 참 편해요. 요즘은 도서관이 시설 좋은 곳들이 많아서 책 읽기가 좋아요. 집에서 읽는 것보다 집중도 잘되고요.

나 아하, 그렇군요. 점점 더 좁혀지는 것 같네요. 그렇다면 혹시 도서관 탐방 책을 써보시는 건 어떠세요? 원래 자주 가시는 도서관뿐만 아니라, 주말마다 시간을 내서 일단 수도권부터 시작하세요. 전국의 유명한 도서관을 다 가보고 나서 글을 써보시는 거예요.

너 제가 도서관 전문가도 아닌데, 괜찮을까요? 물론 전 도서관에 가는 걸 무척 좋아하기 때문에 굉장히 흥미로울 것 같아요. 한번 써보고는 싶네요.

나 뭐 꼭 전문가만 글을 써야 한다는 보장은 없죠. 특히 요즘 같은 시대에는 전문가보다 색깔 있는 개인의 시선이 더 흥미로울 수도 있어요. 과거에는 전문가의 시대였다면 요즘은 개인의 시대이죠. 그래서 방송도 예전에는 전문가의 영역이었다면 요즘은 유튜브 같은 채널이 있어서 개인 방송의 시대가 된 것처럼요. 고정관념을 깨뜨려야 해요. 그런 시대가 되었죠. 요즘은 누구나가 각각의 영역에서 전문가가 되는 시대가 왔어요. 그걸 잘 활용해야죠. 게다가 어떤 대상을 바라보는 시선에 따라 또 달리 보이는 거예요. 전문가의 시각에서 볼 수 있는 것도 있고, 개인의 시선에서 볼 수 있는 것도 있고요. 시선을 달리 하면 보이지 않는 것이 보일 수도 있어요. 특히 도서관은 많은 개인이 이용하는 곳이죠. 그래서 그 이용자의 눈으로 도서관을 보면서 느끼는 점과 편리한 점, 불편한 점, 또 전국 도서관의 특색을 비교하고 분석해놓으면 괜찮은 콘텐츠가 될 수 있을 것 같아요. 실제로 도서관을 이용하는 사람들에게 도움도 될 거고, 세상에 나올 만한 이유가 있는 책이 되는 거죠. 또 님만의 독특한 시선으로 도서관을 바라보고 방문한 경험이니, 이 세상에 하나밖에 없는 책이 될 수 있어요. 님은 글발도 좋으니까 누구보다 재밌게 쓰실 수 있을 것 같아요.

너 설명을 듣고 보니 굉장히 흥미롭네요. 특히 저는 도서관을 정말 좋아하기 때문에 잘 쓸 수 있을 것 같아요. 물론 전국의 도서관을 다 찾아다니자면 제가 회사원이니까 시간의 제약은 있을 수 있어요. 그렇지만 주말마다 한 곳씩 방문하면 불가능한 일도 아니네요. 휴가까지 활용한다면 잘 해낼 수 있을 것 같아요.

나 그렇죠. 모든 건 님의 의지에 달린 거죠. 책을 쓰겠다는 의지, 그리고 책을 출판하고 싶다는 목표가 확실하다면 가능한 일이에요. 시간은 좀 걸릴지 모르지만, 의미 있는 일이잖아요. 자기만의 책, 자기 색깔이 드러나는 콘텐츠를 생산하는 일이니까 즐거운 작업이 될 거예요. 시간이 걸리는 것만큼 또 경쟁력도 있는 거죠. 내가 시간을 많이 투자해야 한다는 건 다른 사람에게도 해당하는 일이에요. 그러니 역으로 생각해 보면, 아무나 쓸 수 없는 콘텐츠인 셈이죠. 간단히 말해서, 많이 소비되지 않은 책의 소재라는 뜻이에요.

너 오호, 그렇네요. 그 말씀을 들으니 더 쓰고 싶어지네요. 시간이 걸리더라도 어차피 제가 도서관에 가는 걸 좋아하고, 일상이니만큼 한번 해보고 싶어요. 그럼 구체적으로 어디서부터 시작하면 될까요?

나 네, 그럼 일단 강력한 의지가 생겼다면 리스트부터 작성하세요. 전국의 도서관을 인터넷으로 검색해 보시고, 그다음에는 특색 있는 도서관부터 먼저 리스트를 정리해 보세요. 리스트가 확정되면 동선을 정하세요. 어디부터 방문할 것인지. 또, 중요한 작업은 이제 차례를 구성하는 거예요. 어떤 점에 중점을 두고 도서관을 비교할지. 예를 들어, 건축 같은 외관이나 주변 풍경 같은 분위기, 또 시설 측면, 그 도서관의 강연회 같은 여러 활동과 이벤트, 그리고 점자 도서관 등의 여부, 장애인 편의시설 등이 잘 설치되어 있는지 여러 관점에서 항목들을 뽑으세요. 그래서 그 기준에 의해서 방문하는 도서관들을 비교하고 분석하면 좋을 것 같네요. 물론 그 도서관을 이용했을 때의 쾌적함, 느낌, 등등도 다 넣어야겠죠.

너 아, 정말 쓸거리가 많네요. 처음엔 제가 전문가도 아닌데 도서관 관련 책을 어떻게 써야 할까, 잠시 망설여졌어요. 그런데 하나하나 풀어가다 보니, 정말 이용자인 제가 쓰기에 딱 좋은 것 같네요. 제가 도서관마다 항목별로 별점을 주는 것도 재밌을 것 같아요. 그러면 다른 사람들도 이용할 때 참고가 되고 좋겠어요.

나 네, 좋은 아이디어군요. 그런 장치를 넣는 게 좋죠. 독자들 관심도 끌 수 있고, 책이 입체적으로 보일 수 있을 거예요. 사실, 도서관 관련 책은 그리 많이 나오진 않았어요. 이런 책은 많은 사람에게 도서관에 관한 관심도 높일 수 있어, 책이 세상에 나올 의미가 충분하죠. 요즘 우리나라 사람들이 너무 책을 안 읽잖아요. 그건 책 읽는 문화가 일상이 되지 않아서 그런 면도 있죠. 도서관을 너무 먼 곳으로 생각하는 사람들도 많고요. 요즘 알고 보면 도서관들이 참 잘되어 있는 곳이 많은데 말이죠. 도서관은 주로 아이들이 이용한다고 많이들 생각해요. 어른들도 일상적으로 갈 수 있는 곳이 도서관인데, 너무 친하게 지내질 않아요. 이 책이 사람들을 도서관과 좀 더 친하게 할 수 있을 것 같아요. 그러니 에세이처럼 감상적으로 쓰셔야 해요.

너 네, 그렇게 해야겠네요. 전 비교하고 분석한다길래 어떻게 써야 하나, 고민했는데 에세이처럼 써야 하는군요.

나 그렇죠. 이런 책은 딱딱하게 쓰면 망하는 지름길이죠. 책을 좋아하는 사람의 감정선을 잘 유지하셔야 해요. 문체는 에세이처럼 쓰시고, 내용은 비교하고 분석하는 부분도 넣어야죠. 이 책은 도서관을 아주 운치 있는 낭만적 장소로 그려볼 수 있게 여운을 남겨야 해요. 그래야 성공할 수 있어요. 감성적 터치, 그게 관건이죠. 예를 들어, 도서관을 여행한다는 느낌으로 쓰세요. 한곳, 한곳으로 여행을 다니는 것처럼 마치 여행 에세이 느낌이 나도록 말이죠.

너 아, 독특하네요. 도서관별로 그 이름을 승차권처럼 디자인해서 기차여행 느낌으로 만들어도 좋을 것 같네요. 자꾸 이야기하다 보니 계속 아이디어가 샘 솟네요.

나 네, 이런 대화가 바로 브레인스토밍 과정이죠. 출판 기획은 이렇게 재밌는 과정이에요. 서로 대화를 하면서 숨겨진 아이디어를 퍼 올리는 거죠. 우리 안에는 엄청난 콘텐츠와 아이디어들이 숨어 있거든요. 단지, 그걸 퍼 올리기만 하면 되는 거죠. 자, 그럼 이제 한번 시작해봅시다. 먼저 말한 대로 도서관 검색부터 해보시고, 리스트 작성하면 제게 보내주세요. 같이 의논해보죠.

너 네, 알겠습니다. 신나네요. 도서관 여행이라, 정말 즐거운 작업이 될 것 같아요. 감사합니다.

독자에게 불편한 부분,
숨아내기!

　자기야, 이제 네 원고에 화장은 아니더라도 단장하는 법은 좀 알게 되었을 거야. 여기까지 읽었으면 말이지. 이번에는 너의 생각을 드러내지 말아야 하는 부분에 대해 말해볼까 해. 우리가 그런 말을 흔히 하지. 친구끼리는 정치 이야기는 하지 않는 거라고. 왜냐면 괜히 서로 다른 정당을 지지하면 자칫 싸우게 되니까, 그런 주제는 피하는 게 낫지.

　네가 원고를 쓸 때도 그 책의 주제가 정치에 관련된 게 아니라면 쓸데없이 네 의견을 드러낼 필요는 없어. 정치 문제뿐만 아니라, 요즘 우리 사회에 뜨거운 이슈인 문제에 대해서도 네 관점을 '일부러' 드러낼 필요가 없지.

그건 너와 다른 관점에 있는 독자들을 불편하게 하는 거니까.

이 문제는 꼭 예민한 문제를 건드리지 말라는 것보다 '주제에서 벗어나는' 글을 쓰면 안 된다는 맥락과도 통하는 거지. 네가 다른 주제의 이야기를 하면서 왜 굳이 그런 민감한 이야기를 넣으려고 해? 이건 일종의 글을 쓸 때 '테크닉'이라고도 할 수 있어. 기술적 문제야. 어떤 의미로는.

주의해야 해. 너 자신의 정치적 성향을 드러내지 마. 독자에 대한 예의야. 또, 사회적 관점에 대해서도 네가 혹습관적으로 그런 태도가 있다고 하더라도, 다수에게 불편한 시선은 드러내지 마. 그렇다고 너보고 거짓말을 하라는 건 아니야. 그런 이야기를 할 타이밍이 아닌 곳에서 널 굳이 드러내지 말라는 거지. 그건 거짓은 아니잖아? 타인에 대한 배려이지. 독자에 대한 배려.

원고를 작성할 때 꼭 굳이 넣어야 할 필요도 없는 곳

에서 그런 불편한 시선을 담고 있는 문장이나 단어들이 있어. 만일 실제로 그 원고를 채택해서 책으로 낸다면, 그런 부분들은 편집자들이 다 걸러줘야 하지. 그런데 네가 처음부터 그런 불편한 곳을 좀 솎아온다면 더 깔끔한 얼굴로 프러포즈하는 셈이야.

예를 들어서, 다음의 글을 보자. 내가 재구성한 거야.

불편해, 불편해, 다수가 불편한 건 빼고 가야지!

→ 이번 휴가 때는 남도 여행을 떠났다. 오랜만에 버스 여행을 해보려고 고속버스에 몸을 실었다. 내 옆 통로 좌석에는 서너 살 되어 보이는 아이와 젊은 엄마가 자리를 잡았다. 그들도 어디론가 가는 거겠지. 설렘이 밀려왔다. 그때 버스 맨 뒷좌석에는 삼사십대로 보이는 한 무리의 여자들이 우르르 몰려와 몸을 실었다. 여자 셋만 모여도 접시가 깨어진다더니,

곧 버스가 떠나갈 듯이 시끌벅적대기 시작했다. 하지만 난 사내대장부이니까 꾹 참아야겠지. 그리고 어느덧 난 잠에 빠져들었다.

이 글은 여행 에세이의 일부일 수 있지. 꼭 여행 에세이가 아니더라도 에세이는 맞겠지. 내가 급조해서 재구성했기 때문에 전체 글이 무슨 장르인지는 나도 모르지. 하하. 어쨌든 이 글을 한번 보자고.

여기서 밑줄 친 부분은 저자의 시선이 나와 있어. 그런데 지금 글의 흐름은 휴가 때 여행을 떠나게 되어 설렌다, 이거야. 그 여행 풍경을 묘사하면서 부지불식간에 자기 평소 가치관을 그대로 드러내는 거지. 요즘 안 그래도 사회적으로 '여혐', '남혐' 문제가 뜨거운데, 굳이 그런 주제의 책도 아닌데 자기 가치관을 드러낼 필요는 없지.

'여자 셋만 모여도 접시가 깨어진다' 혹은 '사내대장

부'는 크게 보면, 저자의 인생관을 보여준다고 할 수 있어. 남녀에 관한 인생관과 가치관 또는 삶의 잣대도 포함된다고 할 수 있지. 이 한두 단어로 어떻게 그걸 알 수 있냐고? 너무 오버하는 것 아니냐고?

아니지. '단서'라는 건 중요해. 맹자도 인·의·예·지라는 덕들을 발생시킬 수 있는 요소를 단(端, 끝)이라는 단어를 사용해 표현했지. '싹수'가 보이는 건 중요해. 누군가가 사용하는 한두 가지 단어로도 그 잠재의식에 어떤 거대한 빙산이 자리 잡고 있는지 알 수 있지. 그래서 글이라는 건 함부로 쓰면 안 되고, 하물며 책은!

그러니까 이 밑줄 친 부분을 보면 이 저자의 가치관이 그대로 드러나. 평소 세상에 대해 어떻게 생각하는지. 나이가 많은 저자라서 고정관념을 갖고 있거나, 습관처럼 익숙한 단어들이라서 별생각 없이 썼을 수도 있어. 그러나 무의식적으로 나오는 단어가 더 무서운 법이야. 여기서 내가 예를 든 단어들은 좀 표시가 잘 나는 경우이고.

네가 더 빨리 이해하라고 좀 더 분별하기 쉬운 사례를 다뤘어. 우리는 무겁든, 가볍든 모두 다, 이런 단어들은 잘 숨아내야 하는 거야.

책은 다수가 보는 상품이지. 피 같은 돈을 들여서 독자들은 그 책을 산다, 이 말이야. 그런데 이렇게 다수가 볼 때 불편한 시선을 담은 단어들이 보이면 어떨까. 기분이 더럽겠지? 돈까지 써가면서 네 책을 사보는 데 이런 테러행위는 하면 안 되지. 이건 엄연히 '언어의 테러'인 셈이야.

"이렇게까지 민감해야 해?"라고 넌 말할지도 모르지. 하지만 내가 답할게. 그래, 매우 섬세하게 체크해야 돼. 그게 책 만드는 과정이야. 그리고 원고를 쓰는 자세이기도 하고. 이런 것들이 네게 너무 버겁게 느껴진다면 책 안 쓰면 되는 거야. 넌 책을 쓰는 순간, 공인일 수 있어. 책을 내면 저자가 되는 거고, 네 글에 책임을 져야 하니까. 그러니 이 정도 독자에 대해 배려하는 건 당연하지 않을까? 넌 저자와 독자 사이에 있는 '책임감'이라는 심리적 무게감을 견딜 수 있어야 해.

그리고 마찬가지로 당연히 다른 계층에도 상처가 되거나, 배려가 없는 단어는 솎아내야겠지. 설사 네가 평소 그런 가치관을 지니고 있더라도 말이야. 그건 그냥 개인일 때는 자유일 수 있어. 개인의 생각까지 검열할 수는 없으니까. 자유 민주주의 사회에서 말이야.

그러나 책이라는 것은 개인 공간이 아니잖아? 다시 말하지만, 책은 사적 공간인 일기장이 아니야. 책은 엄연히 공적 공간이야. 그러니 이 사회의 일원으로서 책임감이 있는 저자가 되어야지. 아니면 결국에 욕먹는 건 너야. 하지만 너만 욕먹으면 그나마 낫지. 네가 저지른 거니까. 그런데 네 책을 출판하는 출판사는 무슨 죄야? 욕먹고 안 팔리면 그게 무슨 봉변이람. 그러니 이건 경제적인 문제이기도 해.

여기까지만 말할게. 나머지는 네가 알아서 잘 생각해.

3

학생이리면, 이렇게 상담해줄 거야

이제 세 번째 가상의 상담을 준비해볼게. 너는 이번에는 대학생이야. 이러한 가상의 상담을 통해서 네가 쓸거리를 유추해볼 수 있는 거지. 그래서 내가 널 위해 준비한 거야! 네가 누구든, 무얼 하든, 이런 사례를 통해서 네게 딱 맞는 출판 기획을 스스로 한번 해볼 수 있도록 말이야. 어떤 식으로 생각의 각도를 비틀고, 어떻게 기획을 끌어내는지 여러 사례를 살펴본다면, 너도 분명히 찾을 수 있을 거야. 너의 길을, 너의 출판 기획을, 그리고 더불어 네가 좋아하는 것들까지.

나 안녕하세요. 출판하고 싶다고 메일을 보내오셨군요. 하시는 일은 뭔가요?

너 네, 저는 대학생입니다.

나 그럼 전공은 어떤 건가요?

너 네, 철학입니다.

나 네, 반갑네요. 책읽는귀족은 인문 장르가 주력 분야이기 때문에 인문학 전공자들이 원고를 보내오면 일단 반갑습니다. 게다가 철학은 인문학의 꽃이니만큼 더 반갑군요.

너 감사합니다. 저도 책읽는귀족의 책들을 살펴보면서 인문 쪽 책들이 많아서 반가웠어요. 그래서 더 연락을 드린 겁니다. 제 원고도 좀 살펴봐 주시면 좋겠어요.

나 그랬군요. 보내오신 원고는 대략 봤는데, 글은 괜찮은 것 같아요. 감성도 있고, 또 반짝이는 생각들도 더러 보입니다. 그런데 학생이니만큼 더 창의적 생각이 반짝

거릴 것 같아 제가 제안을 하나 할까 합니다. 님에게 딱 맞는 출판 기획 같군요.

너 아, 어떤 건가요?

나 네, 사실 근래에 들어 저자분을 내심 찾고 있었어요. 철학 전공자면 좋겠다 싶은 출판 기획물이 하나 있습니다. 그래서 계속 적당한 분이 연결되기를 기다렸죠. 드디어 찾은 것 같네요. 간단히 말하면, 일종의 미로 찾기 책입니다.

너 네? 미로 찾기 책이라고요? 더 구체적으로 말씀해 주실 수 있을까요? 제가 언뜻 안 떠올라서요.

나 네, 일반 성인들보다는 아이들이 주로 보는 책인데, 그동안 미로 찾기 그림책들이 많이 나왔어요. 한동안 반짝하고 출판 시장에서 인기를 끌었죠. 그런데 제가 그 미로 찾기 책들을 보다가 문득 떠오른 것이 철학책도 저렇게 만들면 어린아이들에게 친근하게 다가갈 수 있겠다 싶었어요.

너 아하, 이제야 알겠어요. 서점에서 한번 스치면서 본 것 같아요. 우리 옆집 아이들도 읽고 있는 걸 언뜻 본 것 같은 기억이 떠오르네요.

나 그렇죠. 초등학생 같은 어린 친구들을 둔 엄마들에 겐 익숙한 책일 수도 있어요. 한동안 많이 유행했으니까요. 그런데 그런 책들을 보면 다 비슷비슷한 소재더군요. 텍스트도 거의 없고요. 물론 그림책이니까 그렇겠지만요. 그런 책들의 원리를 끌어와서 우리는 어린이용 철학 책을 만드는 거죠. 님이 적격인 것 같네요. 님은 아직 학생이니까 머리가 더 반짝거릴 것 같으니까요. 보내오신 원고를 보면 충분히 가능할 것 같아요.

너 그런가요? 물론 전 뭐든지 자신 있어요. 시켜만 주신다면 뭐든 써낼게요. 참 재밌을 것 같아요. 제 전공과 딱 맞아서 더 좋네요.

나 네, 이 책은 텍스트가 거의 없기에 그렇게 전공 지식이 많이 필요하고, 깊이 있는 책이 아니에요. 님처럼 아직 학생이라도 충분히 가능해요. 게다가 오히려 이런 그림책은 고정관념이 없는 님 같은 학생이 더 좋을 수도 있어요. 철학 교수나 나이가 많은 철학 전공자들은 자신의 지식이 많기에 그걸 다 담으려고 자꾸 애를 쓰는 편이죠. 어려운 철학 용어도 많이 사용하려고 해요. 알고 있는 것들이 다 그런 철학적 단어들로 단련된 터라, 어쩔 수 없는 일이기도 하죠. 이솝우화에도 그런 이야기가 나오잖아요. 곰이 오면 어떻게 도망갈지에 대해 두 동물이 이야기를 하고 있었는데, 여러 가지 도망갈 방법을 많이 자랑하던 여우는 결국 잡아먹혀 버리고, 딱 한 가지 도망가는 기술을 알고 있던 어떤 동물은 재빨리 나무 위에 올라가 살아났다는 이야기 말이죠. 마찬가지로 이런 그림책은 차라리 학생이 하는 게 제격이죠. 제 생각은 그래요.

너 아하, 그렇네요. 설명을 듣고 보니, 제가 적격자 같아요. 용기가 마구 솟아오르네요. 빨리 시작해보고 싶어요. 무엇부터 하면 좋을까요? 그런데 그림도 제가 그려야 하나요? 전 그림은 잘 못 그려요. 어떻게 하죠?

나 아, 괜찮아요. 어차피 일러스트는 따로 일러스트 작가님에게 발주할 거예요. 님은 그저 그 젊음의 아이디어 공작소에서 번득이는 아이템들을 건져 올리면 되는 거죠. 님의 원고를 보니까 중간중간 그런 재치가 보여서 이번 기획물을 제안하는 겁니다.

너 일러스트는 따로 진행하신다니 다행이네요. 괜한 걱정이었군요. 제가 출판은 처음이라서 여러 가지로 모르는 게 많아서요. 책을 처음 내는 거라 흥분이 되네요. 또 기쁘기도 하고요.

나 네, 책은 항상 만드는 것도 중요하지만, 잘 팔리기도 해야겠죠? 그러니 끝나는 순간까지 끝난 게 아니에요. 긴장을 놓치지 말아야 해요. 그렇다고 너무 부담을 가지실 필요는 없습니다. 그저 가벼운 긴장감을 책이 인쇄소로 넘어가는 그 순간까지 잃지 말아야 한다는 겁니다.

너 네, 잘 기억하고 있을게요. 그럼 제가 이제부터 해야 할 일은 뭘까요?

나 아, 네. 참 그걸 말씀드려야죠. 책을 처음 작업하시는 거니까, 제가 이야기가 길어지는군요. 일일이 다 설명도 해드려야 하고요. 일단, 철학책들을 좀 대략 훑어보시고, 기본 배경 지식을 점검해 보세요. 그리고 그중에서 어떤 아이템을 활용할지 생각의 회로를 돌려 보세요. 그리고 나서 다시 저와 그 자료를 바탕으로 브레인스토밍 과정을 거치죠.

너 네, 알겠습니다. 일주일만 시간을 주세요. 제가 전체적으로 보면서 생각을 다듬어 볼게요. 어떤 철학자들의 사상이 좋을지 훑어보고 말씀드리겠습니다. 일단, 10건만 추려 올게요.

[일주일 후]

나 안녕하세요. 다시 만나니 또 반갑네요. 철학책은 좀 보고 오셨나요? 어떤 사람들이 끌리던가요?

너 네, 제가 쭉 훑어보니까 그래도 많은 사람이 아는 유명한 철학자들이 좋을 것 같아서 열 명만 딱 추려봤어요. 한번 들어보실래요?

나 네, 좋습니다. 이야기해주세요.

너 소크라테스, 플라톤, 아리스토텔레스, 스피노자, 니체, 칸트, 노자, 장자, 공자, 맹자예요.

나 네, 잘 뽑아 왔네요. 아무래도 유명한 사람들이 좋죠. 독자들에게 친근한 철학자라야 더 다가가기 편하고 쉬운 느낌일 거예요. 게다가 이 책은 초등학생들, 혹은 더 멀리는 중학생들이 봐야 하는 책이니까 더 친근한 철학자들이 좋겠죠. 고학년에 올라가고, 중학교에 올라가면 교과서에도 이런 유명한 철학자들은 등장하니까 미리 맛보기를 재밌게 하는 게 아이들에게 도움이 될 거예요.

너 네, 제가 잘 골라온 거군요. 그럼 이제 이 철학자들을 어떻게 활용하면 되는 거죠?

나 그렇죠. 이제 이 철학자들을 잘 배치해야 하는 거죠. 그림은 일단 텍스트가 다 되면 발주할 거예요. 우리가 가상의 밑그림을 대략 그려가면서 하는 거죠. 지금은 대충 알아볼 수 있게만 밑그림을 그리고, 실제로 일러스트 작가님에게 그림을 발주하면 완성도 있는 컷들이 나올 거예요. 미로 찾기 그림을 일단 떠올려 보세요. 우리가 만들 책에는 그 미로의 끝에 철학자가 기다리고 있는 거예요. 그리고 중간중간 길의 다리에는 이 철학자들 사상의 핵심 단어들이 숨겨져 배치되고요. 또 다른 여러 장치를 활용하면 됩니다.

너 아, 이젠 알겠어요. 대략 그림이 그려지네요. 그런데 대충 감은 잡히는데, 그래도 아직은 구체적으로 다가오진 않아요. 좀 더 설명해 주시겠어요?

나 그렇겠죠. 이게 제 작업 스타일이에요. 저와 작업 하시려면 이런 방식에 좀 익숙해져야 해요. 전 기획안을 문서로 드리진 않고, 같이 대화하면서 하나씩 피드백해 드릴 거예요. 이렇게 해야 계속 수정하면서 원고가 살아서 꿈틀대거든요. 그리고 직관적 영감을 받아서 하나씩 채워나가는 방식이 더 실감 나는 원고를 완성할 수 있게 하죠. 님도 잘하실 수 있을 거예요. 어차피 차례는 이런 식으로 해서 텍스트화될 테니까, 거기에 따라 하나씩 작성해나가면 되죠. 몇 년 전에도 아무것도 없는 무(無)의 상태에서 고등학생과도 이런 식으로 작업해서 좋은 작품을 만들었어요. 그 책이 한국서점조합연합회에서 '문화가 있는 날'에 나눠주는 도깨비 책방의 교환도서로 선정되기도 했어요. 독자들도 좋은 영향력을 받았다고 칭찬도 많이 해주시고요. 그 학생은 그 책 덕분에 유명 아동 출판사에서 연락이 와서 또 다른 책을 내기도 했고요. 아주 창의적인 작품이 탄생한 거죠.

너 네, 저도 좋은 결과가 있었으면 좋겠어요. 열심히 해볼게요.

나 앞으로는 이제 SNS로 의견을 주고받죠. 어떤 때는 전화로 이야기하고요. 더 많은 대화를 통해서 브레인스토밍 작업으로 이 책에 넣을 장치를 생각해 봐요. 이젠 사흘 후부터 시작하도록 하죠. 그동안 이 미로찾기 책에 또 다른 장치로 어떤 걸 넣으면 좋을지 젊은 두뇌를 한번 신나게 돌려보세요. 아이디어들이 밤하늘의 별만큼 반짝 반짝 많이 생각날 거예요. 생각하면 떠오르는 게 아이디어니까요. 직관과 영감을 많이 활용해 보세요. 순간적으로 떠오르는 생각 중에 보석처럼 소중한 아이템들이 많을 테니까요. 그럼 사흘 후에 또 연락해요.

너 네, 감사합니다. 그동안 많이 생각해보겠습니다.

'그리고'는 좀 안녕!

자기야, 원고를 보낼 때 화장은 아니더라도 거울을 보고 단장은 해야지? 이번엔 어떤 간단한 단장을 좀 해볼까? 전체 원고가 그리 나쁘지 않아도, 꼭 한두 군데는 문제점이 발견되지. 참 이상하지? 늘 그래. 하긴 완벽한 사람도 없듯이 완벽한 원고도 없는 법이지. 아무리 좋은 사람도 단점이 있듯이, 글을 잘 쓰는 사람도 꼭 한두 군데는 빈 구석이 있어. 그걸 자기가 빨리 찾아야 해.

이번에는 '접속사'를 남발하는 경우를 살펴보자고. '그리고', '그래서', '하지만', '그러나', '그리하여', '그렇지만' 등등 이런 접속사를 너무 많이 쓰는 것은 문장이 깔끔하지 않아. 특히 내가 여기서 말하고 싶은 건 바로 '그리고'

야. '그래서', '그러나', '하지만' 같은 경우에는 앞뒤 문장의 논리적 상관관계나 반대 상황을 잘 나타내주는 접속사로서, 꼭 필요할 때가 있어. 하지만 '그리고'는 없어도 별 상관이 없을 때가 많지. 다음의 사례를 한번 보자.

'그리고'가 없는 문장도 아름다워!

→ 나는 휴일이라 느지막하게 일어나 아침을 먹었다. 그리고 사과를 먹었다. 그리고 운동했다. 그리고 나는 오후 늦게 일을 하기 위해 책상 앞에 앉았다. 그리고 열정적으로 일에 몰두했다. 그리고 일을 마친 후에 TV를 시청했다. 그리고 잠을 잤다. ['그리고'를 넣은 문장]

→ 나는 휴일이라 느지막하게 일어나 아침을 먹고, 사과를 먹고, 운동했다. 나는 오후 늦게 일을 하기 위해 책상 앞에 앉았다. 열정적으로 일에 몰두했다. 일을 마친 후에 TV를 시

청했다. 잠을 잤다. **['그리고'를 삭제한 문장]**

내가 어느 휴일의 내 일상을 한번 적어봤어. '그리고'를 인위적으로 많이 넣어본 문장이야. 또 '그리고'를 삭제한 문장을 비교해봤어. 어때? '그리고'가 없어도 말이 되는 부분이 많지? 그러니 너도 '그리고'만은 좀 주의를 하길.

접속사에 관해 한 가지 덧붙일 게 있어. 같은 종류의 접속사를 이어진 문장에서 너무 사용하지 마. 항상 이걸 기억해. 싫증 나는 문장은 쓰지 말자. 지루한 문장도 만들지 말자. 그러기 위해선 같은 단어의 반복을 피해야 해. 우리나라 말에는 다양한 뜻의 많은 낱말이 있잖아.

그래서 비슷한 뜻을 가진 다른 말을 찾아서 쓰도록 하자. 접속사도 그렇고. '그리고'를 한 번 쓰고, 연이어 또 다른 문장에 써야 한다면, '또'라는 말도 있잖아. 모양이 다른 단어를 선택하는 거야. 알겠지? 그럼 '또' 다음에 같은 뜻의 접속사가 또 필요하다면? '게다가'라는 말도 있지. 이렇게 비슷한 뜻이지만, 다른 접속사를 사용해서 지겨운 문장을 만들지 말기를.

하나를 가르치면 열은 몰라도, 둘은 알아야겠지? 접속사뿐만 아니라, 단어를 골라 쓸 때도 몇 문장 연속되는 때는 같은 낱말을 피하도록 하자. 다른 모양의 비슷한 뜻을 가진 단어를 찾아 쓰는 건 어때? 예를 들어, '쓰다' 경우에도 '적다', '필기하다', '메모하다' 등등 비슷한 뜻을 가진 다른 낱말들도 많지. 이런 식으로 항상 '변주'를 문장에 적용한다는 것, 잊지 마.

4

전문직
이라면,
이렇게 상담해줄
거야

　내가 사랑하는 너는 말이야. 글이 참 단아해, 너처럼.
글은 정말 그 사람의 영혼인 것 같아. 글만 보면 그 사람
을 짐작할 수 있거든. 너의 담백하고 깔끔한 문체에 내가
반했어. 그런 너를 만나고 싶어. 너의 글은 과장이나 허풍
이 없어야 해. 글은 다시 말하지만, '진정성'이 생명이지.
그런 의미에서 네게 끌려. 너의 글은 언제나 차분하고, 감
성이 묻어나지. 마치 너처럼. 숲이 숨을 쉬는 것처럼, 네
글은 청량해. 그런 너를 만나고 싶어.

　자, 이번에 너는 전문직으로 나에게 상담을 받으러 오

는구나. 우리 다시 가상 상담을 해볼까.

나 안녕하세요. 보내주신 원고 메일은 잘 봤어요. 프로필을 보니, 직업이 세무사이더군요. 그래서 원고도 세무 관련이네요.

너 네, 그렇습니다. 제 전공과 직업을 살려서 세무 관련 원고를 써봤어요.

나 그렇군요. 그런데 세무사들도 요즘 너무 세무 관련 책을 많이 쓰시더라고요. 사실 어제, 오늘 일도 아니고, 10년 전에도 늘 그래왔죠. 그래서 특색이 없을 것 같아요. 세무 관련 책이야 뻔하지 않겠어요. 그걸 얼마나 특색 있게 만들 수 있을까요? 사실 제가 좋아하는 분야의 책도 아니라서, 아이디어를 짜낼 수도 없을 것 같군요. 괜찮으시다면 다른 기획을 추천해드리고 싶은데 어떠세요?

너 네, 전 꼭 세무 관련 책을 내야만 하는 것도 아니에요. 제 이름으로 된 책을 낼 수 있다면 다른 책도 도전해보고 싶어요. 그런데 물론 제가 잘할 수 있을지는 잘 모르겠지만요.

나 그럼 혹시 쇼핑 좋아하세요? 대형 마트나 온라인 쇼핑몰 많이 이용하시는 편인가요?

너 그럼요. 쇼핑이야 좋아하죠. 요즘 온라인 쇼핑몰도 애용하고 있어요. 늘 퇴근하면 집 앞에 택배 상자가 쌓여 있는걸요. 주말이면 이마트나 홈플러스에도 꼭 장을 보러 가고, 아울렛도 가끔 가는 편이에요.

나 네, 잘됐네요. 제가 제안해드리는 책은 소비자가 대형 마트나 쇼핑몰에서 물건을 구매하면서 그 채널의 특성을 이야기하고, 장단점을 알려주는 거죠. 코스트코, 이마트, 홈플러스, 롯데아울렛, 현대아울렛, 롯데백화점, 현대백화점, 갤러리아 백화점 같은 다양한 오프라인 매장뿐만 아니라, 인터파크, 쿠팡, G마켓, 롯데몰, 현대몰 등의 온라인몰을 다 다루는 거죠. 카테고리를 정해서 그 각각의 쇼핑 채널의 특성과 장단점을 분석하는 거예요. 말이 분석이지, 꼭 전문가처럼 그런 학술적인 분석이 아니라, 그냥 이야기하는 거예요. 소비자 처지에서 쉽게 말이죠.

너 아, 재밌겠는걸요. 제가 쇼핑을 좋아하다 보니, 다 한 번쯤 이용해본 적도 있어서 쓰기는 쉽겠어요. 항목도 세분해서 쓰면 쓸거리는 많을 것 같네요.

나 네, 그렇죠. 오프라인 카테고리만 나눠도 일단 백화점, 아울렛, 대형마트 등등을 생각해 볼 수 있죠. 대형마트도 코스트코, 홈플러스, 이마트 등등으로 나누면 되고, 온라인 쇼핑몰도 또 따로 정리하면 되는 거죠.

너 그런데 어떤 점을 주로 쓰면 좋을까요?

나 일단 대부분 소비자는 늘 가는 한두 곳만을 주로 이용해서 사실 다른 채널은 어떤지 잘 몰라요. 그냥 익숙한 곳에만 습관처럼 가곤 하죠. 그래서 다른 쇼핑 채널도 자세히 소개하면 관심도 생기고, 좋은 점이 자신에게 맞으면 또 옮길 수도 있죠. 예를 들어, 코스트코에서 사면 좋은 것들, 이마트에서 사면 좋은 것들, 홈플러스에서 사면 좋은 것들, 이런 사항들을 정리해주는 거죠. 그런데 정리를 하라고 해서 그냥 딱딱하게 쓰면 안 되고, 감성 에세이처럼 쓰는 게 좋아요.

너 아, 그렇군요. 전 그냥 쇼핑 채널을 설명해 주는 책인 줄 알았네요.

나 네, 고정관념을 깨야죠. 책에는 항상 '감성'이 있어야 독자의 마음에 다가가기 좋아요, 특히 요즘 독자들은 이미지 시대에 살고 있어서 문자 시대의 책처럼 딱딱한 내용이면 다들 외면하는 편이죠. 특히 이런 실용서들은 그 내용도 정보의 전달인데, 딱딱하면 답이 없겠죠.

너 네, 실용서에 들어가는군요. 쇼핑에 대한 정보이니까 그렇겠네요.

나 네, 그리고 님이 세무사이니까 그쪽 지식을 좀 활용해서 한 카테고리 정도는 그 관점을 적용해보는 것도 좋겠죠. 세무와 쇼핑몰을 어떻게 연관시켜야 하는지 한번 생각해 보세요. 그렇다고 너무 전문적인 시선으로 보지 마시고, TIP 정도 가벼운 정보를 생각하셔야 해요.

너 네, 생각해 보겠습니다.

나 이 책을 쓰시려면 다시 이곳들을 다 방문해보셔야 할 거예요. 이전에 가본 적이 있더라도 최근 트렌드를 써야 하니까요. 예를 들어, 각각의 매장 특색을 쓰는 것도 좋아요. 백화점 같은 경우도 동네별로 분위기가 다르거든요. 현대백화점이라도 목동과 신촌, 등등 그 지역별로 들어오는 상품의 품목이 달라요. 가격대도 다른 물건들이 진열되고요. 예를 들면, 좀 더 부유한 지역에는 고급 브랜드가 더 진열대에 많다든지, 각각의 지역 특성에 맞게 다른 점들이 있어요. 그런 것도 찾아내서 이야기해주면 더 재미가 있을 것 같아요. 또는 현대백화점과 롯데백화점 같은 경우, 차이점과 장단점 등도 설명하면 흥미로울 거예요. 독자들이 이러한 매장들을 다 돌아보지 않아도 그런 특색들을 책으로 간접 체험해볼 수 있는 거죠. 그럼 다음에 그곳을 방문했을 때, 좀 더 친근하고 익숙할수 있을 테니까요.

너 아, 그렇군요. 저도 주로 가는 백화점이 아니면 좀 낯설어서 물건 위치도 잘 못 찾겠더군요. 대형마트도 그렇고요. 자주 가는 곳은 제가 찾는 물건이 어디 있는지 쉽게 알아서 잘 찾곤 하는데, 잘 이용하지 않는 곳은 가면 못 찾겠고 시간이 더 많이 걸려요. 그래서 늘 가는 곳만 가게 되는 편인 것 같아요.

나 그렇죠. 코스트코 같은 경우에도 전국에 매장이 그리 많은 편이 아니라서, 자기가 사는 동네에 코스트코가 입점해 있지 않으면 정보가 더 부족하죠. 물론 코스트코 온라인 쇼핑몰도 있지만, 쇼핑은 또 실제로 가서 보고 사는 게 특별한 재미가 있는 법이죠. 그러니 코스트코도 한 카테고리로 따로 분류해서 '코스트코에서 장 보는 법'이라는 이야기를 풀어가 보는 것도 흥미로울 거예요. 코스트코는 창고형 매장이라 우리나라에 처음 들어왔을 때는 참 신기해했죠. 물론 지금은 많이 이용하지만, 그래도 지방까지 거미줄처럼 들어가 있는 것은 아니니까, 코스트코 관련해서 '썰'을 풀어보는 것도 의미는 있을 것 같아요.

너 네, 코스트코 가는 것도 전 좋아해요. 다른 매장과는 또 다른 느낌이죠. 일반 마트에서 살 수 없는 외국 치즈 같은 것도 쉽게 살 수 있어서 편하죠. '코스트코에서 꼭 구입해야 할 것'에 관한 정보는 인터넷에 많이 올라와 있어요.

나 네, 인터넷에 그런 자료는 개인 블로거들이 많이 올려놓았죠. 그렇지만 인터넷에 올라온 건 단편적이고, 잘 정리된 것들이 없죠. 책이란 게 그런 면에서 유용한 거죠. 정리되고 분석된 자료가 책으로 나오니까요. 단편적인 것들은 일부러 다 찾아서 봐야 하는 수고도 있고, 또 빠뜨려지는 것도 있어요. 한 번에 제대로 그 정보들을 쉽사리 얻을 수 있는 건, 그래도 책이 좋은 거죠. 정제된 자료이니까요. 이 책에는 코스트코 정보만 또 담기는 것도 아니니, 다양한 쇼핑 관련 정보를 얻기 위해선 이 책을 보면 되는 거죠. 게다가 이 책에는 단지 쇼핑 채널만 비교하는 게 아니고, 그런 비교를 통해서 쇼핑과 우리 존재의 관계에 대해서도 한번 생각해 보는 게 좋을 것 같아요. 그래서 에세이 쪽으로 쓸 수도 있죠. 장르는 좀 더 생각을 해보도록 하죠.

너 그러네요. 쇼핑에 대해서 다양한 관점에서 생각해 보는 기회인 것 같아요. 쇼핑을 요즘 부정적 시각으로만 보는 의견도 자주 나와서 이런 책이 꼭 필요하겠네요.

나 네, 제가 말하고 싶은 것도 바로 그거죠. 온라인 쇼핑몰에서 물건을 사서 택배를 자주 받는 것도 정신적 문제와 결부시키는 것이 과연 정당한 문제 제기의 관점인가 하는 거죠. 단지, 마음이 허전해서 쇼핑을 많이 한다는 식의 정신적인 문제로 몰아가기도 해요. 그렇게 치면 멀쩡한 사람을 찾기가 힘든 거죠. 그동안 우리나라가 너무 절약과 저축만을 최고의 미덕으로 생각하고, 개인의 개성과 취향에 대해서는 아주 인색하게 평가해왔어요. 심지어 악덕으로 보기도 했죠. 전체주의적 사고에 의해서 개인의 색깔은 사회를 위협하는 것으로 보는 시각도 있어요. 그런 관점에서 이 쇼핑 이야기를 풀어가는 것도 괜찮아요. 쇼핑 채널 관련 정보를 소개하면서도 이러한 시대적 문제점과 가치관을 같이 엮어내는 것이 필요한 것 같아요.

너 아, 더 관심이 생기네요. 그럼 평범한 쇼핑에 관련한 책이 되지 않고, 정말 색깔 있고 품격이 있는 책이 될 것 같아요. 시대적 메시지를 담을 수 있으니까요.

나 그런 셈이죠. 우리가 단순하게 바라보는 것들도 관점을 조금 비틀면 그 안에 많은 메시지를 담을 수 있어요. 현상적으로 보이는 건 쇼핑 채널이지만, 그동안 우리나라에서 억압했던 개인의 취향이 뿜어나오는 통로일 수도 있거든요. 온라인 쇼핑몰이라든지, 아울렛이라든지, 젊은 사람들이 쇼핑하면서 자신의 패션이나 기호품들에 대한 취향을 발전시켜 나가는 셈이죠. 그래서 우리나라 세대 간 소비에 관한 생각도 달라진 게 이러한 쇼핑 채널이 다양해진 것도 한몫하는 거죠. 이 책은 부정적으로만 소비문화와 쇼핑 채널을 볼 게 아니라, 우리 인간을 얼마나 개인화시키고, 다양화시키는지, 그래서 그게 집단주의를 어떻게 야금야금 파괴해가는지 한번 연결해 써보는 것도 역시 괜찮을 것 같아요. 물론 그 속에서도 우리나라 집단주의가 기승을 부려 한때 롱패딩을 모두 제복처럼 입고 다니는 것도 한번 이야기해볼 수 있고요. 여러 가지 이야기를 해볼 수 있을 것 같네요.

너 네, 점점 더 흥미롭게 펼쳐지네요. 처음에는 그저 단순한 쇼핑 관련 책인 줄 알았는데, 이야기하면 할수록 할 이야기들이 많아지네요.

나 네, 이게 다 브레인스토밍 과정이죠. 작은 단서에 서부터 시작해서 대화를 통해 점점 더 깊어지고 넓어지는 거죠. 일단 오늘은 여기까지 말하고, 우선 카테고리별로 정리해서 제 메일로 보내주세요. 그리고 오늘 이야기한 것들을 토대로 어떤 항목들을 넣을지 한번 생각해 보시고, 세무 관련 관점도 담아서 메일 주세요. 그럼 그 자료를 보고 다시 이야기하기로 해요.

너 네, 알겠습니다. 연락 드리겠습니다. 감사합니다.

이런 맞춤법만 알아도!

자기야, 저자가 모든 맞춤법을 완벽하게 해서 원고를 보낼 필요는 없어. 맞춤법이 아무리 잘되어 있어도 내용이 '꽝!'이면 정말 아무 쓸모 없겠지. 뭐, 맞춤법 시험을 보는 국어 시간도 아니잖아? 원고만 좋으면야 나머지는 다 편집자가 알아서 고치면 되는 거지.

그러나 '기왕이면 다홍치마'라고 보기 좋은 떡이 먹기도 좋겠지? 원고 내용이 탁월하게 뛰어난 게 아니라면, 세수를 좀 말끔하게 한 원고가 그래도 눈에 잘 들어오겠지. '옥에 티'는 아니더라도, 눈에 띄는 큰 티는 골라내야지. 지금부터 흔히들 많이 틀리는 맞춤법을 몇 가지 소개할까 해. 이것만 알아도 네 원고는 꽃단장한 셈이지.

보통 잘 틀리는 맞춤법이지. 아직 잘 모르는 사람이 많더라고. 글을 좀 쓰는 사람들도. 좀 더 설명하자면, '버스'와 '차'는 받침이 없는 명사야. 그래서 그 뒤에 서술격 조사 '이다'의 어간 '이에요(종결 어미)'가 붙게 되지. 그런데 받침 없는 명사에 붙는 '이에요'는 '예요'로 줄여 적을 수 있어. 한 번 더 적어주자면, 버스예요(○) / 차예요(○)

하지만 받침이 있는 체언 뒤의 '이에요'는 줄여 적을 수 없어. 그대로 적어야 해.

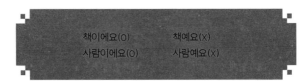

책이에요(O)　　　　책예요(X)
사람이에요(O)　　　사람예요(X)

　여기까지만 하자. 모든 맞춤법을 다 알 수는 없어. 우리 말이 그만큼 어려운 법이지. 그러나 최소한 알려고 하는 노력은 하고, 관심은 가지도록 하자. 무관심한 태도와 조금만 관심을 가지는 것은 한참 시간이 지난 뒤에는 아주 큰 차이가 생기지. 그걸 나중에 확인해봐.

차라리 한 권의 책도 낸 적이 없는
새하얀 백지 같은 저자가 더 매력적일 수 있다는 사실이지.
넌 아마 이런 상황을 모르겠지.

너와 나는 계약서를 완료하고 나서 다 같이 부푼 꿈에 설레지.
물론 나야 이제까지 많은 책을 만들어 와서
사실 담담한 상태이기도 하지만,
그래도 새로운 시작은 항상 설레는 법이야.

PART 4

출판
시뮬레이션

출 판 사 에　프 러 포 즈 하 는　법 !

1

**프러포즈,
원고를 보내다**

사랑하는 너에게. 오늘도 햇살이 따뜻하구나. 이제 봄이 오려나 보다. 창문으로 들어오는 햇살 아래서 또 너에게 편지를 쓴다. 늘 그러하듯이 주말 오후, 난 오늘도 너를 그리워한다. 이제 네게 출판 시뮬레이션을 보여주려고 해.

우리의 만남은 온라인에서 시작할 거야, 그지? 너는 서점의 매대에 올려진 책들에 있는 판권 페이지에서 출판사 메일 주소를 모으겠지. 그리고 그중의 하나인 우리 책읽는귀족 출판사 회사 메일로도 원고를 보내올 거야.

네가 밤잠을 설쳐가며 열심히 작성한 그 작품을 말이지.

나는 느지막이 일어나 매일 습관처럼 열어보는 메일함을 점검하지. 먼저 업무 메일부터 열어서 급한 용무부터 처리하고 나서, 그다음에 원고 투고를 해온 메일을 하나씩 열어볼 거야. 이름이 먼저 눈에 들어오겠고, 메일 내용을 읽어갈 거야. 나는 원고를 첨부해온 메일부터 찬찬히 볼 테지. 그리고 짧은 내용이든, 긴 내용이든 그 데이터를 중심으로 분석해 들어갈 거야.

너란 사람이 누군지, 어떤 색깔을 가진 사람인지. 프로파일링 기법으로 나는 그 메일 안에 있는 텍스트만 가지고 분석을 시작해. 내 머릿속은 습관처럼 그 텍스트들이 쪼개지고, 단어별로 패턴화되어서 정리되지. 첫 인사말이 '안녕하세요'인지, 아니면 '안녕하십니까'인지, 또는 '안녕하세요?'인지, 사소한 차이지만 이 모든 것들이 너라는 존재를 구성하는 조각들이야. 너는 별생각 없이 썼을 수도 있지만, 그렇게 습관화된 단어들이 너를 유추할수 있게 하거든. 물론 백 퍼센트 정확하다거나, 이걸로 획일화시킨다거나, 단정 짓는다는 말은 아냐. 하지만 대략은 너라는 사람을 그려볼 수 있다는 거지.

흔히 '안녕하세요'라는 인사말로 시작하는 메일은 여성일 확률이 높지. 또 '안녕하십니까'는 거의 남성이지. 거꾸로 말하는 게 더 정확할 거야. '안녕하십니까'로 시작하면 흔히 남성이야. 그리고 여성들은 대개 '안녕하세요'라고 인사말을 건네지. 그런데 이 '안녕하세요'에도 물음표가 붙는지, 아닌지에 따라 또 성향이 나눠질 수 있어. 물음표가 없이 그냥 '안녕하세요' 하는 사람도 있고, 물음표를 붙여서 '안녕하세요?'라고 하는 사람도 있어. 전자는 흔한 경우이고, 후자일 경우는 좀 고지식한 성격일 수가 있어. 정형화된 사람이랄까.

물론 내가 백 퍼센트 정확해서 이런 말을 하는 건 아니고, 그냥 참고로 이야기하는 거야. 또 이런 분석 기법을 이야기해놓으면 역으로 내게 메일을 보낼 때 이 자료를 참고해서 보낸다면 다른 결과가 나올 수도 있어. 하지만 프로파일링 기법은 한 가지 단서만 갖고 분석하는 게 아니기에, 전체를 이 자료에 맞춰서 보낸다고 하더라도 허점이 있을 수 있어. 그것까지 내가 분석해볼 수 있거든.

또 남성이 '안녕하세요'라고 보내면 젊거나 조금은 여성적 경향이 있는 성격이야. 그렇다고 굉장히 여성스럽다는 게 아니라, 그래도 성격이 좀 부드러운 면이 있다는 것이지. 반대로 '안녕하십니까'라고 보내는 남성은 성격이 좀 딱딱하거나 경직되어 있을 수 있고, 가부장적 사고가 조금 내포된 사람일 수도 있어.

그러나 이 인사말 하나로 그 사람을 규정짓는 건 아니야. 그냥 첫 번째 단서로 분석하고 그 데이터 결과를 챙겨두는 거지. 그러면서 다음 단서를 점검하고, 같은 패턴의 사람인지 크로스 체크를 계속 해나가는 거야. 이게 내가 프로파일링 기법으로 텍스트를 분석하는 방법인 거지. 네게 참고로 알려주는 거야. 그런데 모든 출판사 담당자가 나처럼 이런 식으로 원고 투고 메일을 분석하지는 않아. 그냥 내가 그렇다는 거야. 다른 담당자들은 아마 메일 내용은 대충 읽고, 원고가 첨부된 파일부터 먼저 열어볼지도 모르지.

✳ 첫인상, 그것이 문제로다!

_____ 난 계속 메일 내용을 분석해. 어떤 메일은 인사말도 없이 그냥 '원고 검토 부탁드립니다' 이 말부터 할 때도 있고, 아니면 이도 저도 없이 파일만 첨부한 채 '감사합니다' 한 줄로 끝내버리는 메일도 있어.

그런데 첫인상이 뭐가 좋을까. 당연히 메일에도 '기승전결'이 있어서 인사말이 나오고 자기소개가 있고, 책 관련 자료가 좀 있는 메일이 더 성의가 있어 보이지. 아무래도 고작 '감사합니다' 한 줄만 있는 메일은 성의가 없어 보이지.

솔직히 메일 하나 작성하는 데 그리 오랜 시간이 걸리는 것도 아닌데, 그것도 귀찮아서, 혹은 하기 싫어서 '감사합니다' 한 구절만 써보낸다는 건 썩 유쾌한 메일은 아니야. 예의도 없는 것 같고. 도대체 언제 봤다고 인사말도 없이, 그리고 자기소개도 없이 메일을 보내는 건지. 마치 "내가 보낸 원고만 열어보면 궁금증이 다 해결될 테니, 이 원고나 봐라" 하면서 툭 던지는 듯한 느낌이야. 굉장히 오만하고 무례한 느낌이지.

이런 메일에 첨부된 원고가 예뻐 보일까? 정성을 다해서 원고를 검토하게 될까? 메일도 그렇게 무성의하게 보내는 사람이 원고는 제대로 착실하게 썼을까 하는 생각부터 먼저 들지. 혹은 이런 담당자도 있을까? 나처럼 불쾌하게 생각하지 않고, '아, 얼마나 원고에 자신이 있으면 이렇게 아무 인사말도 없이 원고만 첨부해서 보냈을까, 기대되네' 이렇게 생각하는 담당자가 과연 있을까. 다른 사람은 잘 모르겠어. 그런데 나는 꽤 불쾌해. 하지만 직업정신으로 그런 메일의 원고까지 일단 파일을 열어서 검토하지. 그런 메일 치고 괜찮은 원고를 사실 못 봤어.

이렇게 내가 자세하게 이야기해주는 건, 출판사에 원고를 보내는 일이 그렇게 간단하지는 않다는 거야. 출판사뿐만 아니라, 네가 어떤 회사에 업무상 메일을 보낼 때도 최소한 신경을 써야 할 부분이지. 그런데 이건 회사생활을 잠시라도 해본 사람이라면 기본적 예의와 방식은 알 텐데, 그런 부분이 부족한 메일을 보면 또 그 사람의 정보가 보이는 셈이지.

내가 메일 내용에도 특히 신경 쓰는 이유는 메일이 텍

스트로 이루어져 있기 때문이지. 지금 네가 보내는 원고도 텍스트이고, 내가 검토해야 할 대상도 텍스트인 거야. 그러니까 우리의 만남은 텍스트로 판단을 내려야 하는 상황이야. 그렇기에 메일 자체에 담긴 텍스트도 내겐 큰 의미가 있는 것이지.

　너는 이런 것까지 다 챙겨야 해. 작가란 모름지기 섬세한 감각을 지녀야 해. 특히 텍스트에 대해서 말이야. 작가는 작품만 섬세하게 집필하는 게 아니라, 단어를 대하는 자세가 평소에도 섬세함 그 자체여야 하지. 단어 그리고 문장으로 이루어진 텍스트가 그 사람을 대변해줘. 작가라면 그렇지. 꼭 작가가 아니어도 글로 먹고사는 사람이거나, 글과 관련된 일을 하는 사람이라면 당연히 그래야 한다고 난 생각해. 그 사람이 사용하는 텍스트가 그 사람 내면의 표식이라고 할 수도 있어.

✶ 원고가 마음에 들면

_____ 이제 메일 내용을 다 분석하고 나면 첨부된 파일을 열어볼 차례지. 그런데 이러한 분석법을 자세하게 설명하니까 시간이 꽤 오래 걸릴 것 같지만, 사실 늘 해오던 일이기에 메일 내용을 분석하는 건 일 분도 채 안 걸려. 텍스트만 몇십 년을 다뤄왔기 때문에, 아무리 내용이 긴 메일이라도 직관을 동원해서 분석하면 일이 분이면 충분하지.

자, 이제 파일을 열어보자. 파일은 요즘 보통 두 개로 나눠서 오더라고. 하나의 파일에는 출판기획서가 담겨 있고, 또 하나에는 원고가 있고. 그리고 출판기획서에는 작가 소개라든지, 제목, 분야, 집필 동기, 대상 독자, 장점, 분량, 차례 등이 담겨 있어. 사실 알맹이는 원고 파일이지. 어떤 메일은 또 원고 파일 하나만 첨부해오는 때도 있고. 이거야 뭐, 사실 선택의 문제겠지. 물론 출판기획서가 있으면 한눈에 빨리 그 원고에 대한 개념이 생기긴 하지만, 핵심은 원고인 거지.

기획서가 아무리 컬러로 휘황찬란해도 원고가 별로면

다 끝인 거야. 원고를 선택하는 거지, 기획서를 뽑는 건 아니니까. 여담이지만, 난 이런 기획서가 싫어서 내 회사를 차린 것도 있어. 회사에 다니면, 규모가 큰 조직일수록 이런 기획서나 서류 같은 걸 많이 요구하지. 나는 그런 절차가 싫더라고. 형식적인 것 같고. 내 머릿속에는 이미 다 그림이 그려져 있고, 또 작업하면서 수정해가면 되는 건데 미리 기획서 같은 걸 형식적으로 써놓는 게 귀찮더라고. 남이 해오는 거야, 내가 읽는 게 편하지만. 그래서 나는 내 회사에선 기획서 없이 일할 수 있어서 참 편해. 그게 내 작업을 더 빠르고 정확하게 하거든. 아이러니하게도 말이야.

어쨌든 원고 파일을 열고 이제 첫 문장을 읽기 시작하지. 내가 앞에서도 말했지만, 글의 첫 문장은 참 중요해. 글의 첫인상이기도 하거든. 첫 문장이 깔끔하고, 상큼하고, 흥미로우면 그 원고에 코를 박고 읽게 되지. 반대로, 첫 문장이나 첫 단락이 상투적이면 읽기가 싫어져. 그래도 직업정신으로 대략 계속 읽으면서 검토는 하지. 하지만 대부분, 아니 거의 다 첫 페이지에서 승패는 결정돼.

첫 페이지가 괜찮으면 끝까지 괜찮아. 그런데 첫 페이지가 별로이면 끝까지 그 원고는 흥미를 끌지 못해.

왜냐하면 원고의 한 페이지에 불과하지만, 그 글 역시 그 작가의 머릿속에서 나온 거잖아. 그게 하늘에서 뚝 떨어진 것도 아니고, 길에서 주운 것도 아니지. 그 글쓴이의 내면에서 나온 결과물이야. 글이란 다 연결돼 있어. 한 사람이 어떤 페이지는 잘 쓰고, 또 어떤 페이지는 못 쓰고 할 수가 없는 거야. 물론 자로 잰 듯이, 저울로 단 듯이 똑같은 무게감과 느낌으로, 균등한 상태로 쓴다는 걸 말하는 게 아니야. 특히 흥미로운 부분도 있고, 아닌 부분도 있겠지. 하지만 한 사람이 쓴 거라면 아주 큰 편차가 생기진 않는다는 뜻이지.

그래서 한 페이지만 읽어봐도 대충 답은 나온다는 말이야. 이 글발이라면 책으로 내도 되겠다, 안 되겠다, 등의 판단이 서는 거지. 그러니 너는 전략적으로라도 첫 페이지는 정말 더 공을 들여서 써야 해. 첫 문장, 첫 단락, 첫 페이지에서 독자를 사로잡지 못하면 그는 영영 널 떠날 거야. 출판사에 하는 프러포즈도 성공 못 하는 것이지.

하지만 원고가 마음에 들면 나는 그 작가에게 전화하거나 메일 답장을 쓰곤 해. 아주 마음에 들면 빨리 전화를 하고, 조금 마음에 들면 메일을 보내. 언제쯤 통화가 가능하냐고, 시간대를 묻고 그때 전화를 해. 그런데 출판하겠다는 결정은 백 퍼센트 하고 연락하는 건 아냐.

일단 원고가 좀 마음에 들었지만, 아직 확신은 없지. 출판은 그만큼 어려운 거야. 왜냐하면 맨 처음에 말했듯이 큰돈이 드는 일이잖아. 망하면 내가 망하는 거지. 선택 하나가 큰 위험성을 갖고 있는 거야. 막말로 작가는 손해 볼 것이 없지. 돈이 나가는 건 결국 출판사니까. 작가야 책이 안 팔려도 결국 책은 남잖아. 그러나 출판사는 그야말로 적자 인생인 거지.

책은 텍스트가 주인공!

자기야, 이 이야기는 꼭 해야겠어. 이건 정말 잘 모르는 사람이 더 많아. 가끔 출판관계자도 잘 모르는 사람이 있어. 자, 잘 들어봐. 간혹 실제로 이런 책들이 있어. 책을 펼치면 저자가 쓴 텍스트보다 독자가 채워 넣어야 할 빈칸이 정말 많은 책 말이야. 단행본 중에도 가끔 이런 책이 실제로 있어.

사실 내게도 이런 원고를 보내왔던 저자가 있었어. 교육 관련 원고였는데, 저자가 생각할 때는 그런 방식이 더 바람직하다고 생각했나 봐. 저자가 안내를 해주고, 빈칸을 독자가 생각해서 채워 넣어야 한다고 말이야.

그런데 자, 생각해 봐. 독자가 피 같은 돈을 주고 책을 샀어. 그런데 책을 열어보니 검은색은 조금뿐이고, 여백의 흰색만 많다면? 검은색의 활자는 얼마 들어 있지 않고, 빈칸에 검은 줄만 죽죽 그어져 있다면? 마치 줄만 있는 빈 노트처럼 말이야.

내가 아주 예전에 서점 구매과에서 이런 책을 실제로 다른 출판사에서 갖고 온 걸 본 적이 있어. 우리 책읽는 귀족 신간 상담을 위해 내 차례를 기다리고 있었지. 그런데 그런 책을 상담해준 직후에 그 담당자가 하는 말이 나에게 확신을 심어줬지. 그 담당자는 마침 직전에 상담했던 그 책을 들고 있다가 내게 이렇게 말했어. 그 책 페이지를 획획 넘기면서 내게 보여주며 말이야. 혀까지 끌끌 차며, 하소연을 하더군.

"이렇게 빈 여백이 많은 책을 갖고 오면 어쩌자는 건지 모르겠어요. 이런 건 안 팔려요."

그러니까 자기야. 네가 혹시라도 그런 책을 기획하고 있다면 내가 말해줄게.

"하지 마."

✳ 책은 텍스트에 무게중심이 있어야 해

_____ 꼭 그런 형식의 원고를 쓰려면, 그 빈칸을 최소화해야지. 그냥 한 줄 정도로만 처리해야지, 실제로 한 페이지를 다 그렇게 빈칸으로 해놓고, 독자에게 거기다가 쓰라고 하는 건 자제해야 해. 그냥 방향 지시등처럼 한 줄 정도만 표시해놓으면 되지.

그런데 사실 그건 편집자가 나중에 잡아주면 될 문제인데, 편집자도 별생각이 없었나 봐. 그게 소위 '짬밥' 차이겠지. 그러니까 어떤 편집자와 작업하느냐에 따라 그 책의 운명이 달라져. 원고가 부족하면 더 채워 넣으라고 이야기를 해줘야 하거든. 그런 경험이 많은 편집자와 작업하는 게 너와 책의 운명을 결정하는 거지.

자기야, 책은 책이야. 책이 노트가 될 수는 없어. 일단 텍스트가 빈 여백보다 당연히 많아야 해. 독자는 책을 읽기 위해 사는 거지, 여백을 그저 바라보기 위해 사는 건 아니니까. 심지어 사진이 주로 들어가는 책들도 텍스트가 없는 책들은 대체로 망하는 편이야. 예술적으로 아름다운 사진작가의 작품이 들어 있는 책들도 텍스트가 함께해줘야 그 사진이 더 빛나는 거지. 그게 책이라면 말이야. 책다워야 해. 이미지만 있는 건 책이 아니야. 대체로 독자에게 외면당하지. 책은 텍스트가 핵심이야. 이걸 잊지 마.

그러니 네가 어떤 책을 쓰려고 하든, 그게 여행 에세이든, 사진집이든, 뭐든, 일단 책의 형태로 나온다면 텍스트는 정말 중요해. 이미지와 함께 그 메시지가 전하는 감성이 시너지 효과를 내는 거야. 그래야 독자들에게 텍스트를 통해 공감대를 형성할 수 있고, 잘 팔리는 상품이 될 수 있는 법이거든.

2

상견례, 출판계약서에 도장을 찍다

사랑하는 자기야, 이제 그다음 단계로 가야지. 원고가 마음에 들었어. 전화해서 너와 대화를 하겠지. 일단 목소리를 듣는 순간, 말하는 톤과 사용하는 어휘들이 또 너에 대한 데이터가 되어 마구 쏟아지지. 나는 거기서 또 분석을 시도해. 그냥 습관이야, 이젠. 자동으로 되는 거지. 그래서 나는 전화를 가능하면 좀 오래 하는 걸 선호하지. 한 이삼십 분은 통화해야 직성이 풀려. 그 정도 시간을 투자하면 네가 누군지, 정말 책을 내도 될지 확신이 점점 차오르거든.

이런 말을 해놓으면 네가 나에게 부담을 가질 수도 있겠지. 나와 대화하는 것도 괜히 신경 쓰이고, 부담스럽고 그럴 수도 있겠지. 하지만 어쩌겠니. 직업병인데. 습관인데. 그리고 그게 내게 필요한데. 아는 사람이 그러더라고. 아주 오랜만에 만난 사람이었는데, 왜 그렇게 말끝마다 분석하냐고. 그냥 들어주면 안 되냐고. 그때야 퍼뜩 정신이 차려지더라고.

아, 이게 직업적으로 굳어진 건데, 가까운 사람에겐 독이 되는 거구나. 습관적으로 분석하고 있는 나를 발견했지. 그런데 어쩌겠어. 지난 7년여 동안 아무것도 없는 상태에서 오직 나의 판단력만 믿고 내 회사를 치열하게 꾸려왔기에 어쩔 수 없이 일상이 된걸. 내가 계속 분석하고 판단하지 않았다면 내 회사는 돌아가지 않았고, 여기까지 올 수도 없었을 거야. 지금까지 나를 지켜준 습관이었기에 그만둘 수도 없어. 그만둬도 안 되고. 내가 살아남으려면 꼭 필요한 습관이지.

하여튼 나는 너를 분석하고, 네가 말하는 어휘와 뉘앙스로 프로파일링을 돌리고, 결정을 내리지.

"자, 우리 그럼 함께 작업해볼까요? 언제 만나서 계약서 작성할까요?"

이렇게 최종적으로 통화를 마무리하지. 물론 대화를 이어가면서 너의 의견을 취합해 합의를 본 후에 하는 말이지. 이렇게 네 프러포즈가 성공하면, 네가 기뻐하는 모습이 전화로도 전해와.

그리고 이제 우리는 만나. 나의 생태 서식지가 일산과 파주 쪽이라 너를 만나러 나는 교보문고 강남점으로 가곤 해. 강남 교보가 서울에서 보자면 중간 지점 정도 될 수가 있고, 어디서 오더라도 편하게 만날 수 있는 곳이지. 강남 교보의 지하에 보면 폴 바셋 커피집이 있어. 개인적으로 폴 바셋 커피가 맛있더라고. 우리는 거기서 만나게 되는 거지.

너를 처음 만나니까 네 얼굴을 모르잖아. 너야 내 얼굴을 알 수도 있지. 조금만 성의가 있다면 우리 책읽는귀족 홈페이지나 네이버 카페에 들어오면 내가 쓴 책『내 손 안의 인문학, 꿈의 문』자료가 있고, 온라인 서점에서 미리보기를 하면 앞표지 날개에 저자 사진이 있잖아. 그리고 내 사진이 실린 인터뷰 기사를 내가 떡하니 책읽는 귀족 네이버 카페 공지 게시판에도 올려놓았거든. 그러니 조금만 관심이 있어도 넌 나를 알아볼 수 있겠지.

✳ 너와의 첫 만남,
그 설렘 그리고 좋은 기운

_____ 너를 만나기 위해 난 파주에서 강남 교보타워까지 차를 운전해서 가지. 가는 동안 설렘이 있어. 이번 책을 내면 어떤 결과가 나올까. 또 어떤 작업이 기다릴까. 너와의 작업이 즐거울까. 이런 여러 가지 생각을 하면서 나는 교보타워의 지하 주차장으로 익숙하게 내려가서 폴 바셋으로 올라가지.

보통은 네가 먼저 와서 기다리곤 해. 네가 먼저 나를 알아보고 인사를 하지. 그렇게 우리는 이른바 '상견례'를 하게 되는 거야. 나는 일단 네게 뭘 마실지 물어보고 나서 주문부터 하고, 자리에 앉아서 이야기를 시작하지. 미리 메일로 보내서 네가 이미 검토를 끝낸 출판계약서를 꺼내서 너의 사인을 받지. 나는 이미 도장을 찍어서 준비해간 계약서 서류철을 네게 넘겨주고, 작성이 끝나길 기다리는 거지.

여담이지만, 책읽는귀족의 서류철은 보라색이야. 보라색은 '귀족'의 색이라고 할 수도 있어서, 우리 책읽는귀족의 상징적 색깔은 보라야. 그래서 책읽는귀족의 로고 첫 획도 보라색이지. 이런 것까지 알려주는 게 너와 나 사이의 친밀도를 더 느끼게 할 수 있을 것 같아.

우리는 이제 만남의 핵심 목적인 계약서를 일찌감치 작성하고 나서는 편안하게 차를 마시면서 대화를 시작하지. 나는 너의 관상도 챙겨보면서 우리가 작업할 책의 향방이 어디로 갈 것인지 미리 마음속으로 추측해보기도 하지. 아, 관상을 보는 건 나의 개인적인 취미야. 청소년 때부터 관상이나 사주나 꿈해몽에 관심이 있었거든. 모든 출판관계자와의 만남이 나와 같다는 걸 말하려는 건 아니야. 보통은 회사 사무실에서 만날 수도 있겠지. 다만, 그냥 큰 틀에서 보면 나와의 만남이 대략적인 시뮬레이션을 제공해주는 셈이야.

이것도 여담이지만, 나는 출판계약서를 작성할 때 사용하는 도장은 노란 옥으로 만든 아주 참한 것으로 준비해놓았지. 처음 회사를 시작할 때 어디서 들은 게 있거든. 도장이 좋아야 회사가 잘된다고. 하하, 물론 그냥 떠도는 이야기겠지만, 그만큼 마음을 기울이고, 정성을 쏟아야만 회사가 잘 운영될 거라는 믿음일 거야. 그래서 나도 나름 좋은 도장을 준비했지. 마음의 자세라고 봐야지.

너와 나는 계약서를 완료하고 나서 다 같이 부푼 꿈에 설레지. 물론 나야 이제까지 많은 책을 만들어 와서 사실 담담한 상태이기도 하지만, 그래도 새로운 시작은 항상 설레는 법이야. 너는 정말 환한 얼굴이 되어서 흥분 상태에 있을 수도 있지. 마치 세상을 다 얻은 듯한 기분일 거야. 아주 예전에 책을 처음 내는 어떤 작가가 그러더라고. 표지에 자기 이름이 박힌 책을 받았을 때 온 세상이 다 빛나더라고. 그만큼 작가가 된다는 건 어떤 의미에선 그 순간만큼은 세상을 다 가진 듯한 기분이 들 거야. 감성 지수가 높을수록 그 기쁨의 폭도 깊고 넓겠지.

그런 의미에서 나는 좀 아쉬운 측면도 있어. 어렸을

때는 나 역시 내가 저자인 책을 내는 게 꿈 같은 일이라고 생각했지. 그런데 계속 이쪽 일을 하다 보니 좀 무감각해지더라고. 아침에 눈을 뜨고 나서 밥만 먹고 하는 일이 책을 만들거나, 잡지를 만들거나, 신문을 만드는 일이었거든. 항상 내 이름 석 자가 지면에 올라가니까, 그 의미가 점점 옅어지고 일상이 되더라. 그래서 내 이름 석 자가 올려진 첫 책을 받았을 때도 솔직히 말해서 아무런 감흥이 안 생겼어.

아마 앞으로 내가 쓴 책이 혹시라도 베스트셀러가 된다면 나 역시 온 세상이 다 빛나게 보일지도 모르겠어. 하지만 그저 내가 저자인 책을 낸다는 것 자체로는 이제 내겐 특별한 설렘을 주지는 않는 것 같아. 차라리 너의 책이든, 나의 책이든 베스트셀러가 된다면 그게 나에게 최고의 희열을 주지 않을까 싶어.

어쨌든 너라도 희열에 찬 얼굴을 보니까 나도 기분이 좋더라고. 산타클로스가 아니라도 이렇게 누군가에게 선물 같은 기쁨의 순간을 선사할 수 있으니까 말이야. 그 자체로도 나는 이 출판업을 하는 게 참 보람이 있다는 생각이 들었어. 사람이 살면서 남에게 이런 환희를 줄 수 있는 게 그리 쉬운 일은 아니잖아. 그런 결정을 내가 내린 거고. 게다가 자기 이름의 책을 내는 게 꿈인 사람들이 많아. 그 꿈을 내가 시작하게 하고, 이뤄준 것이니까 출판 일은 그래서 더 매력적인 것 같아.

✻ 너에게 꼭 해주고 싶은 말

_____ 이제 우리는 한배를 탄 거야. 넌 첫 책을 우리 책읽는귀족에서 출판하는 거고. 혹은 때때로는 두 번째, 세 번째 책일 수도 있겠지. 어쨌든 우리는 지금부터 공동운명체야. 너의 글 하나로 우리가 인연으로 맺어진 거야. 너와 나는 무사히, 그리고 완성도 있는 책을 만들기 위해 계약서에 도장을 찍는 순간부터 달려야 하는 거야. 이제부터 진정한 시작인 셈이지.

자, 그럼 이젠 흥분을 가라앉히고 실질적인 작업을 시작하는 거야. 원고를 일부 수정하거나, 혹은 더 채워야 할 수도 있어. 나는 이날부터 너의 원고에 집중하는 거지. 내가 눈을 떠서 밥을 먹고 자는 시간을 제외하고는 항상 너를 생각할 거야. 더 엄밀하게 말해서, 너의 원고를 생각하겠지.

난 원고에 혹시라도 다른 책의 구절을 인용했거나, 저작권이 있는 이미지가 들어가 있거나, 다른 작가의 시를 인용하거나 등등이 있다면 제외하라고 네게 조언을 하겠지. 실질적으로 원고 작업을 할 때 초보 작가가 가장 실수하는 부분이 바로 저작권이지. 사실 오랫동안 우리 사회는 저작권에 대해 그리 까다롭게 생각하는 풍토가 아니었지. 그래서 관련 직종에서 일하는 사람이 아니라면 이런 것들에 대해 몹시도 무심한 경향이 있어.

출판사에 투고되는 원고를 받아보면 정말 가관인 경우도 있지. 이솝우화에 나오는 이야기처럼 남의 깃털을 다 떼어버리면 남는 게 없듯이, 자기 글보다는 남의 글을 인용해 놓은 부분이 더 많은 글도 있어. 옛날옛적에 하느님이 숲속에 사는 동물들을 모아놓고 누가 누가 제일 맵시가 좋고 예쁜지 대회를 열었대. 그런데 일등을 누가 했느냐 하면 까마귀가 했다는 거지. 까마귀가 공작이나 온

갖 예쁜 친구들 깃털을 자기 몸에 붙이고 나타난 거였어. 어이없게도 까마귀가 일등을 하자, 다들 화가 나서 몰려들었어. 자기 깃털을 다 도로 찾아간 거지.

나는 이 이솝우화가 저작권의 사례를 아주 잘 나타낸다고 봐. 책을 내기 위해 글을 쓸 때는 저작권에 정말 신경을 많이 써야 해. 소송으로 이어질 수도 있어. 그러면 우리가 고생해서 작업한 게 상당히 꼬이게 되지. 그래서 나는 이 저작권에 아주 민감한 편이야. 이런 문제로 복잡해지는 걸 난 제일 싫어하거든. 난 그저 창의적으로 책을 만드는 일에만 골몰하고 싶지, 쓸데없는 일에 내 노력과 시간과 관심을 낭비하고 싶지 않거든.

그런데 처음 책을 내는 작가들과 작업할 때는 이런 부분에 대부분 무지하거나 정보가 없어. 예를 들면 다른 회사 로고 이미지 같은 것도 참고로 사용할 때는 그 회사에 허락을 받아야 하고, 메일로 확인 답장을 받는 게 좋아. 뭐든지 증거 자료가 있어야 하거든. 그래서 나는 가능하면 다른 자료에 기대어서 원고를 작성하는 걸 좋아하지 않아. 그냥 네 책은 네 글로만 채워 넣어. 네 안에서 나오는 글과 자료만으로 네 책을 만들어야 뒤탈이 없고, 더 가치가 있는 법이지.

시 같은 경우도 인용할 때 다 그 작가의 허락을 받아야 해. 심지어 저작권료를 지급해야 할 때도 있어. 이것도 절차 등이 골치가 아프니까 그냥 네 글로 대체해. 꼭 필요하다면 저작권이 없는 작품을 찾아서 넣어. 작가가 사망한 지 70년이 넘으면 저작권이 자유로워져. 예전에는 작가 사망 기준으로 50년이었는데, 70년으로 늘어났어.

하지만 자, 자, 가능하면 그냥 네 글로만 원고를 채우길 바랄게. 자기는 자기 자신만이 구원할 수 있어. 네 책은 네 안에서 나온 네 영혼의 색깔로만 채워 넣어. 왜 남의 글을 인용하려고 그러니. 아무리 좋고 멋있고 훌륭해도 그건 남의 글이지, 네 글이 아니잖아. 남에게 기대어 가려고 하지 마. 얼마나 없어 보이니. 그냥 조금 부족해도 네 안의 창조적 자산을 담아 넣어.

썼던 원고도 다시 보자!

자기야, 출판사에 네 원고를 보내기 전에 이것도 잘 살펴봐. 네 원고가 과연 힘이 있는지! 무슨 말이냐 하면, 네가 글을 쓸 때 조각조각 단편적으로 글을 쓰지는 않는지. 나는 자주 그런 원고들을 받아봤거든. 하나의 이야기를 한두 단락만 하고 끝내는 거야. 그리고 다른 이야기로 또 넘어가는 거지. 독자와 공감대를 이룰 심리적 사다리가 만들어지지 않았는데도 마치 점프하듯이 넘어가.

이건 아니야. 그러면 네 글은 힘이 떨어져. 독자의 감정선을 끌고 갈 동력이 사라지는 셈이지. 또 마치 메모하듯이 원고를 쓰는 경우도 봤어. 메모는 메모이지, 글이 아니야. 메모 하나를 그대로 인용할 수는 있다고 치자. 그런데 그런 메모 형식으로 원고를 다 채우면, 역시나 감정선이 흐르질 않지. 이야기가 뚝뚝 끊어져서 독자는 그 이야기가 재밌더라도 잠시 빠졌다가 다시 금방 나오게 돼. 그리고 또 다른 이야기가 시작되니까, 그걸 제대로 느낄 틈이 없는 셈이지.

그러니까 네가 글을 쓸 때 한 꼭지에 일관성과 그 흐름이 잘됐는지 점검해 봐야 해. 원고를 메일로 보내기 전에 꼭 검토해 봐. 네가 너무 글에 빠져서 그 흐름을 놓쳐버렸을 수도 있어. 다시 읽어보면 큰 틀이 보일 거야. 흔히 하는 말로, '나무만 보지 말고, 숲을 좀 봐.'

✱ '밤에 쓴 편지'는
낮에 읽어봐아 하는 것처럼

_____ 말이 나온 김에 한 가지 더 이야기할게. 네가 원고를 써놓고 한 이삼일 지나서 다시 읽어봐. 그냥 묵혀 놓고, 잊어버리고 있어. 그러다가 새삼스럽게 다시 읽어보는 거지. 그럼 완전히 다른 기분일 거야. 마치

다른 사람의 글을 읽는 것처럼 낯선 느낌이 들 거야. '밤에 쓴 편지'는 부치지 않는다는 말도 있지. 그 원고에 빠져서 쓸 때는 마치 밤에 편지를 쓰는 것과 같아. 나중에 며칠 지나 다시 읽어보면 부끄러울 때도 있지. 그때를 잘 활용해야 해.

이제 수정하는 거야. 큰 흐름을 타며 낯선 이의 글을 읽어가는 거지. 그 과정까지 거치고 나서야 이제 원고를 보낼 수 있어. 사실 자기가 쓴 원고를 두 번까지 보는 건 그리 어렵지 않을 수도 있지. 그러나 여러 번 보는 건 인내가 필요할 때도 있어. 물론 사람의 기질에 따라 다르겠지만.

나도 그렇거든. 나는 사실 똑같은 일을 반복해서 하는 걸 좋아하지 않아. 지금이야 또 그렇다고 해도, 내 글을 쓰던 초창기 시절에도 한 번에 주로 쓰는 편이었어. 그리고 수정하는 걸 썩 좋아하진 않았지. '처음 그 느낌처럼' 그대로 감성을 간직한 글로 남길 바랐지.

그런데 왜 네겐 그걸 요구하냐고? 넌 초보 작가니까. 이 책은 출판사에 주로 처음 프러포즈할 사람들을 위해 쓴 거야. 기성 작가를 위해 쓰는 건 아니거든. 수없이 글을 써왔던 사람들과 책을 여러 번 냈던 사람들은 저마다 노하우가 있지. 굳이 내가 콩 놔라, 밤 놔라 할 필요는 없을 거야. 한 번에 글을 쓰든, 교정을 여러 번 하든 말든 내가 알 바 아니지. 자기만의 스타일이 있을 테니까. 하지만 아직 자기 나름의 방식이 없다면 묵혀 두었다가 보라는 말이야. 그게 하나의 전략인 셈이지. 글을 다듬는 전략. 이 이야기는 여기까지만 할게.

3

원고 피드백은 어떻게 이루어질까

　사랑하는 너를 위해 주말까지 반납하면서 나는 이렇게 편지를 쓰고 있어. 일상적 업무가 없는 주말이 몰두하기에는 때때로 좋은 시간이지. 네가 가장 그리울 때도 이맘때고 말이야. 주말 오후마다 나는 네가 더욱더 생각이 나. 아무래도 가장 여유로운 시간이라 그럴 거야. 미래의 어느 시점에서 우리가 만날 수 있는 그 인연을 위하여 나는 이 순간도 최선을 다하려고 해.

　자, 이제 너의 원고에 대한 피드백을 시작해볼게. 너는 다음의 세 가지 질문을 차례대로 너 자신에게 던져 봐.

내가 아니면 누구도 이 글을 쓸 수 없는가?

⬇⬇

누군가 이 책을 사볼 사람이 있을까?

⬇⬇

이 책은 세상에 나올만한 가치가 있는가?

아주 솔직하게 말해 볼까? 출판사 메일함으로 오는 다수의 원고는 이 질문에서 셋 다 걸려 넘어져. 누구나 쓸 수 있는 글을 출판해달라는 메일을 보면 내가 이상한 나라에 사는 건 아닌가 하는 생각이 들어. 누가 부추겨서 이런 글을 고생스럽게 썼을까 싶은 글도 있어. 고생한다는 게 나쁘다고 말하는 건 아니야. 그게 헛고생일 때 문제라는 거지.

예를 들어, 자기계발서 같은 경우가 그렇지. '대화를 잘하는 법'이라든지, '인간관계에 성공하는 비법'이라든

지, '재취업을 잘하는 법'이나 '영업을 잘하는 비법' 등등
이런 성격의 원고들이 거의 매일같이 쏟아져 들어와.

✽ 역지사지의 태도,
   저자가 아니라 독자의 눈으로

_____ 나는 네게 정말 묻고 싶어. 진짜 그 글
을 쓰면서 잘 팔릴 거라는 믿음을 갖고 쓴 거야? 조금의
확신이라도 있었어? 아마 출판계의 흐름을 안다면 절대
로 그런 생각을 한 조각도 안 했을 테지.

자기계발서는 벌써 오래전에 잘 나가다가 그게 과부
하가 걸리니까 이제 파워블로거를 찾아서 출판사들이 저
자 섭외를 했지. 인기 블로거들이 책을 쓰면 최소한 기본
부수 이상은 판매가 보장되니까 말이야. 그래서 몇 년 그
렇게 우려먹었더니, 한때는 새로운 파워블로거 저자의
씨가 말라버렸다는 말도 떠돌아 다닐 정도였어. 그만큼
자기계발서는 패턴을 조금씩 바꿔가면서 계속 소비되었
어. 그나마 가장 단기간에 반짝 특수를 누리면서 잘 팔리

는 분야가 자기계발이니까. 독자들이 가볍게 읽기도 좋아서 부담 없이 구매할 수 있어서일 거야.

자, 그다음에는 자기계발서의 패턴이 어떻게 바뀌었냐 하면, 사람이 아니고 동물이 주인공으로 나왔어. 동물이 등장하는 우화식 자기계발서가 한동안 또 출판 시장의 흐름을 주도했지. 그러고도 자기계발서 시장은 판매에 있어서 치고 빠지기가 좋아서인지 제일 만만한 영역이었어. 그래서 아직도 글쓰기 교실에서 자기계발서만 들입다 안내하나 봐. 그러니 매번 투고하는 원고 비율이 자기계발서가 그렇게 높은 게지.

하지만 네가 정말로 개념 있게 책을 쓰고 싶고, 네 프러포즈가 성공하고 싶다면 그 고정관념에서 벗어나. 다들 자기계발서에 목을 매고 있을 때, 넌 다른 시선으로 바라봐야지. 자기계발서는 생명력이 가장 짧은 장르의 책이야. 그냥 한번 읽고 처박아놓거나, 한 달만 지나도 유행이 지나버리는 책이지. 게다가 요즘은 독자들도 이런 자기계발서에 물리고 지쳐 있어. 근래에 읽을 만한 책이 없다는 하소연이 독자들에게서 나오는 이유 중 하나도,

이렇게 내용이 비슷비슷하고 싫증이 나는 자기계발서가 너무 쏟아져 나오기 때문일 거야.

너는 네 인생의 책을 써야 하는 것 아니겠어? 네가 가장 관심이 가는 게 뭔지, 네 인생에서 오랫동안 애정을 가진 일이 뭔지 잘 생각해 봐. 그건 직업과도 상관이 없어. 자꾸 자기 직업과 책을 연관시키는데, 가끔은 그 고정관념에서 벗어날 필요가 있어. 틀을 깨어봐. 예를 들어, 나 같은 경우에도 출판 일을 하고 있지만, 청소년 때부터 꿈과 해몽에 관심이 많았지. 그래서 『발칙한 꿈해몽』이라는 책을 썼어. 사실 내 직업과는 아무런 관련이 없지만, 아주 긴 시간 동안 탐구하고 탐색해왔던 거라 나름, 자신 있게 쓸 수 있었던 거지.

너도 네가 주부라면, 학생이라면, 사업가라면, 의사라면, 변호사라면, 세무사라면, 공무원이라면 그 직업 안에서 쓸거리를 찾는 게 아니라, 시야를 넓혀 봐. 분명히 한 사람의 인생에서는 뭔가 골몰해왔던 게 있을 거야. 상식적으로 생각해 봐도 한 사람의 관심 영역이 자신의 직업 하나뿐이겠어? 정말 좋아하는 일을 직업으로 택한 나도

'꿈해몽'이라는 또 다른 관심 분야가 있어. 영화도 있고, 미식 분야도 있고, 그밖에도 흥미를 느끼는 분야가 여럿 더 있어. 그러니 누구나 그렇겠지. 너를 둘러싸고 있는 것들에게로 눈을 돌려 봐. 이번 기회에 너 자신을 한번 탐색해 봐. 너는 과연 어떤 것을 좋아하고, 무엇을 잘 알고 있으며, 어떨 때 행복한 기분을 느끼는지. 네가 써야 할 대상은 바로 그것이야!

✳ 밋밋한 원고에 생기를 불어넣는 방법

_____ 자, 이런 근본적인 질문과 대답에 바탕을 둔 네 원고가 어느 정도 기준선을 통과했기에, 네 원고는 선택이 된 거지. 드디어 네 원고를 헤집고 분석하는 시간이 된 거야. 완성도 있는 원고를 위해 꽃단장을 좀 하는 거지. 이른바, 수정하는 과정이야.

뭐 간단하게 한두 가지만 정보를 줄게. 이것만 적용해도 생명력이 없던 원고가 갑자기 활기를 띠고 봄날의 꽃처럼 피어오르기도 하지. 첫째, 반드시 서술만으로 글을 작성하지 말 것. 그러니까 어떤 대화체도 없이 계속 설명하듯이 글을 쓰는 사람이 있어. 이건 아무래도 재미를 느끼기에는 아주 삭막해. 좀 흥미 있는 스타일로 바꾸려면 대화체를 넣어야 해. 큰따옴표가 있는 대화체 말이지. 그래서 이 큰따옴표가 가뭄에 콩 나듯이 드문 원고이거나, 아예 보이지 않으면 망할 확률이 높아. 일단 재미가 없잖아. 입체적이지 않고.

그리고 한 꼭지에 에피소드 같은 이야기를 한두 가지는 넣어줘야 해. 이건 글쓰기의 기본과도 연결되는 이야기지. 네가 논술 세대라면 논술 시간에 이런 걸 배운 기억이 있을 거야. 하나의 주장에 그걸 뒷받침하는 논거를 두세 가지는 넣어줘야 한다, 그래야 글이 논리적이고 설득력이 있다, 바로 이 이야기야. 그럼 넌 또 물색없이 묻겠지?

"논설문을 쓰는 것도 아닌데, 이 원칙이 왜 필요해?"

이렇게 묻는다면 나는 다음과 같이 간단히 대답하겠어.

"바보야, 문제는 논리야!"

이건 시사를 좀 아는 너라면 눈치챘겠지만, 한때 유명

했던 말을 내가 패러디한 거야. 1992년 미국 대선 때 걸프전 승리의 영웅이었던 조지 부시 대통령의 승리가 유력했지만, 빌 클린턴 후보의 선거 구호였던 "바보야, 문제는 경제야!"라는 말 때문에 역전승을 거뒀던 일화 말이지. 어쨌든 논설문뿐만 아니라, 모든 글에는 논리가 중요해. 글만 그렇겠어? 말도 그렇지. 논리가 없는 말은 전달도 잘 안 되고, 설득력도 없어서 무용지물이지.

이런 맥락에서 네가 말하고자 하는 핵심 내용을 뒷받침해주는 에피소드는 글의 흐름에 인과관계도 입히고, 생기도 찾아주지. 특히 그 일화는 네가 직접 겪은 것도 좋고, 이솝우화나 어디서 네가 재밌게 들었거나 읽었던 이야기를 재구성한 거면 더 좋아. 내가 앞서 저작권 이야기를 한 적이 있지만, 그냥 그대로 그 문장을 인용하는 건 저작권에 걸려. 그러나 네 생각으로 새롭게 만든 문장과 문체로 재구성하면 저작권으로부터 자유롭지.

이솝우화 같은 경우도 그 문장을 '허락 없이' 그대로 갖고 오면 그건 엄연히 번역자의 저작권에 위반되는 거야. 이솝우화 자체는 오래된 콘텐츠라 이미 저작권이 없지만, 한글로 번역된 글을 그대로 인용해버리면 그건 한글로 나온 그 책의 저작권에 걸리는 거지. 그런데 그 이야기를 읽고 네가 너의 문장으로 다시 만들어 사용하면 저작권 문제로부터 자유로워지는 거야. 또 방송 프로그램이나 예능에서 들었던 이야기나, 인터넷에 떠도는 재밌는 이야기라든지 그런 소재를 네가 자신의 글로 풀어내는 거야. 이때 시의성이 있는 소재면 독자의 시선을 더 끌겠지. 물론, 출처는 밝혀야 해. 이솝우화라든지, 어느 방송에서 들었다든지, 등등의 출처는 말해야겠지,

어디서 들은 건지 문맥상 밝히지 않는 게 더 낫다면, 예를 들어 부정적 내용이라서 명예훼손 등의 사정이 생길 때는 ○○ 처리를 해주거나, 영문 이니셜로 대신하거나 하면 되는 거야. 단지, 어디서 보거나 들은 이야기를 네가 마치 스스로 지어낸 것처럼 말하면 또 안 되는 거야. 모든 글은 진정성이 우선이거든. 아무리 사소한 거라도 진정성이 한 조각이라도 무너지면, 엄밀하게 말해서 네 글은 그 순간 무가치해지는 셈이지. 너라는 인간 자체의 인성 문제이니까.

너는 작가이기 이전에 인간이고, 글이란 자고로 그 인간의 내면을 투영하는 도구이니까. 그러니까 글이란 게 사실 얼마나 무서운 건지 넌 알아야 해. 글을 써서 다른 사람들에게 내보인다는 건 어떻게 보면 발가벗고 거리를 돌아다니는 거나 마찬가지인 셈이야. 글을 보면 그 사람이 보여. 그의 영혼이 보이지. 글을 제대로 읽는 사람은 행간을 읽고, 그 사람의 내면까지 읽는 법이니까.

그러니 글을 너무 만만하게 보지 마. 아무 생각 없이, 깊은 고민 없이 속된 말로 '싸지르면' 안 된다는 거야. 이런 걸 제대로 걸러줄 기본적 자질이 있는 편집자 없이 마구잡이로 책을 내면 안 돼. 작가가 혹시라도 방심해서 스스로 방어하지 못한 게 있다면 편집자가 잡아줘야 하는 거야. 그래야 독자도 피해를 안 보고, 저자도 불명예스러운 일을 겪지 않을 테니까.

마지막으로 원고의 피드백에 있어서 또 하나의 간단한 정보를 줄게. 문장을 세련되고 깔끔하게 재단장하는 방법이야. 만일 네 문장이 도무지 윤기가 나지 않는다면 한 문장의 마지막 단어를 명사로 끝내. 그런데 이걸 너무 자주 반복하면 안 되고, 몇 단락에 한 번씩 양념을 뿌리듯 가끔 활용하면 좋아. 예를 들면, 다음과 같은 거지. 내가 썼던 『우리는 어떻게 북소믈리에가 될까』에서 한 부분을 인용해볼게.

→ 책을 읽자, 그리고 세상을 읽자. 그러면 사람의 마음도 읽을 수 있을 것이다. 독서의 3단계, 놓치지 말자. 그래서 편협한 생각의 각도를 가지지 않고 단어의 다양한 상징과 비유를 포용할 수 있는 생각의 프리즘을 갖도록 하자. '아는 만큼 보인다', 이건 꼭 관광지의 유적에만 해당되는 것이 아니다. 글도 마찬가지, 단어도 마찬가지, 세상도 마찬가지, 사람의 마음도 마찬가지, 우리 인생도 마찬가지다.

밑줄 친 부분은 '마찬가지다'라는 서술어로 되어 있어. 그런데 이 부분을 명사 '마찬가지'로 끝내버리면 어떨까. 문장의 끝이 명사로 끝나면 굉장히 세련되고 깔끔한 느낌이 들지. 이건 정말 문장이 빛이 나지 않고, 감칠맛이 느껴지지 않을 때 문장의 소생술로 긴급하게 사용하는 비법이지.

그러니 너도 이 방법을 좀 활용해서 혹시라도 네 글이 시들시들해지는 감이 온다면 특효약으로 일단 한번 써 봐. 자꾸 하다 보면 요령도 더 생기고, 문장에 대한 감각도 좀 더 다듬어질 테니까.

남의 글을 탐하지 마라!

자기야, 앞에서 내가 저작권 문제를 말하면서 한 번쯤 스치고 지나갔던 이야기를 이제 다시 할까 해. 원고를 받아보면 워낙 이런 부분이 많아서 따로 이야기해야 할 것 같아서 말이야. 성경의 십계명에 보면 '남의 아내를 탐하지 마라'라는 조항이 있지. 난 이 말을 다음과 같이 바꾸어 말할래.

'남의 글을 탐하지 마라!'

자기야, 그동안 내가 받아왔던 원고들을 보면 정말 너무 기가 막힌 게 많아. 자꾸 남의 글을 인용해 놓고, 자신의 글이라고 보내와. 내가 보면 거의 절반 가까이 남의 글로 도배를 해놓고는 그걸 '인용'이라고 하네? 그래놓고 그걸 자기 원고라고 보내오는 걸까?

이해가 안 돼. 물론 너는 안 그럴 거야. 그지?

의외로 이런 원고들을 많이 받아봤어. 계속 놀라울 뿐
이지. 그렇다고 내가 일일이 다 설명을 해줄 수도 없고,
참 답답하더라. 그래서 결국 내가 이렇게 이 글을 쓰고
있지만 말이야. 모두에게 일일이 모두 답장을 써서 다 설
명해 줄 여력은 내게 없지. 나도 먹고살아야지 않겠어?
출판 일정이라는 게 참 빡빡해. 할 일이 많아. 잔일도 많
지. 그래서 결국 이렇게 내가 책을 써서 모두에게 말하고
싶어 나선 거지. 한 번이면 되잖아, 이건.

✳ 원고를 보낼 때 다시 한번 생각해 봐

_____ 출판사에 원고를 투고해놓고 왜 일일
이 답장을 못 보내주느냐고 투덜대지 마. 다 사정이 있는
거야. 마감기한이 있고, 일손은 모자라. 다들 야근에, 철

야를 할 수도 있지. 그런데 그런 작업을 하면서 쏟아지는 원고 투고에 일일이 다 답장을 한다는 건, 사실 무리야. 물론 일손이 좀 넉넉해서 가능한 곳도 있겠지. 나도 짧게나마 답을 해줄까도 생각했지만, 너무 형식적인 것 같아 그만두기로 했어. 매번 의례적인 인사로 거절 의사를 밝히는 것도 할 짓이 아니고.

꼭 하려면 일정한 문구를 정해놓고 복사해서 붙이는 수밖에 없지. 그런데 그것도 못 할 짓이라고 나는 생각해. 왜냐하면 진정성이 너무 없으니까. 차라리 그냥 안 보내는 게 나을 것 같아서, 출판하지 않을 원고에는 답을 안 해주는 편이지. 물론 우리 책읽는귀족 홈페이지에 있는 원고 투고 게시판에 올라온 글에는 내가 늦어도 답을 올리고 있지만. 그건 그리 많지 않거든.

너도 뭐 한 곳에만 원고를 보내는 게 아니니까, 불평을 하지 않는 게 서로 공평하겠지. 딱 한 곳에 보내놓고 답을 안 해주면 몹시 서운하겠지만, 여러 곳에 보낸 너도 그렇게 정성을 담아서 보내는 건 아니지 않을까. 그냥 내 생각엔 그래. 너도 역시 내용을 복사해서 똑같은 메일을 보낼 테니까 말이야.

어쨌든 그건 그렇고, 네가 원고를 보낼 때 다시 한번 생각해 봐. 네 원고의 몇 퍼센트가 너 자신의 글인지. 인용 부분이 얼마를 차지하는지. 난 네게 말하고 싶어. 가능하면 인용은 하지 말라고. 남의 글은 그저 남의 글일 뿐이야. 네 글로 채워. 꼭 인용할 게 있다면 속담이나 명언 한 줄 정도. 그 정도는 양념으로 간혹 괜찮지.

하지만 한 단락 정도의 글을 계속 인용한다면 그건 네 글이 아니잖아? 네 글을 써. 그래야 출판해주지. 벌써 출판되어 잘나가는 글을 다 인용해 놓고는 그게 네 글이라고, 출판해달라며 메일을 보내오는 건 어딘가 좀 이상하지 않아? 넌 어떻게 생각해? 거기까지 생각해 본 적이 없다고? 그럼 지금부터 잘 생각해 봐. 내가 말해줄 수 있는 건 여기까지야.

4

배본, 마케팅, 독자 서평과 판매 실적까지

　사랑하는 자기야, 이제 원고 피드백이 끝났으면 전체적인 수정을 완료하고 나서, 디자인한 후에 교정과 교열을 보는 과정을 거칠 거야. 그러고 나서 인쇄소로 넘어가는 거지. 이 제작 과정을 더 엄밀하게 나눠보자면, 출력을 거쳐 인쇄하고, 제본하면 이제 책이라는 상품이 나오거든.

　흔히 '출판은 생물'이라는 말이 있어. 인쇄되기 전까지는 수정을 계속해나가니까 끊임없이 변하는 생물의 속성과 유사하다고 나온 말이지. 그만큼 책을 만드는 과정은 쉬지 않고 되새김질하는 과정이야. 인내심과 끈기가 없다면 제대로 해낼 수 없는 일이기도 해.

이렇게 책이 나오면 다 끝난 것 같지? 아니야, 이제부터 시작이야. 이젠 배본과 마케팅, 독자들의 반응이 남은 거지. 그리고 판매 실적이 기다리고 있어. 진짜 시작은 지금부터야. 요즘은 저자도 이 과정에 참여해서 활발하게 자신의 책을 홍보하지.

출판사는 책이 나오면 서점에 배본을 시작해. 나는 직접 도매상과 대형 서점의 구매과에 배본하러 가지. 원래 편집자 겸 기획자 출신인 내가 혼자서 회사를 차리다 보니 영업에 해당하는 영역까지 직접 하게 되었어. 자본 없이 시작하면 하나부터 열까지 사장이 혼자 다 해야 하는 구조거든. 이건 꼭 출판에만 해당하는 이야기는 아닐 거야. 어느 자영업이든지 마찬가지겠지. 어쨌든 이제부터가 마케팅 과정이야.

나는 서점 구매과에 가서 너와, 네가 쓴 책이 얼마나 괜찮은 상품인지 홍보를 해야 하고, 배본 부수를 정해야 하지. 내가 직접 쓴 보도자료를 들고 말이야. 나는 사실 주로 내부에서만 근무하는 편집자 출신이라 처음에는 이런 일들이 기질에 썩 맞지는 않았어. 물론 출판사를 운영하면서 큰 그림을 그리며 대범하게 회사를 꾸려가기도 하지만, 내면에는 전형적인 A형의 내향적 기질이 도사리고 있거든. 그래서 실제로 마케팅하기 위해 담당자들을 만나는 걸 즐기는 편은 아니었어.

그래도 교육 전문지 〈교육신보〉의 기자 생활도 하면서 다양한 사람들을 많이 만나 취재하는 걸 해왔기에 그럭저럭 할만은 했지. 하지만 관계적 위치는 그때와 정반대라고도 볼 수 있어. 그러나 몇 년째 하다 보니 이제는 이 일도 익숙해지고 자연스러워졌지. 요즘은 거의 일상처럼 온라인, 오프라인 MD들을 만나서 신간에 대해 의논하고, 배본 부수를 결정하는 상담을 하러 다녀.

역시 세상에 공짜는 하나도 없나 봐. 계속하다 보니까 이 모든 게 물 흐르듯이 자연스럽게 흘러가게 됐으니 말이야. 이젠 동네 마실 가듯이 배본하러 다니는 경지에까지 이르렀어. 물론 파주로 서식지를 옮기다 보니, '동네마실'이라는 말도 그 단어 자체의 의미로도 일부 맞는 말이 되어버렸네. 어쨌든 그동안 계속 신간이 나왔기에, 워낙 자주 갔으니 어쩌면 당연한 일이겠지.

이렇게 배본 상담을 끝내고 나면, 너의 책들이 책읽는 귀족의 물류창고에서 서점의 물류창고로 이동하게 돼. 그다음에는 전국의 서점에 이른바 '깔리게' 되는 거지. 배본 부수에서 대부분 결정이 되는데, 일정한 양의 배본이 이뤄지면 너의 책은 신간 매대에 진열이 되고, 최소 일주일 동안은 독자들의 눈에 잘 띌 수도 있겠지.

책의 판매 여부에 따라 그 일주일이 더 오래 갈 수도 있어. 아니면 이제 서점의 서가로 이동하게 돼. 이때 한두 부만 남게 되고, 팔리지 않은 책들은 반품이 되는 셈이지. 반품을 두려워하면 출판사를 할 수 없어. 그만큼 반품이 일상적인 일이긴 하지. 그러나 아이러니하게도 반품이 되지 않도록 책을 팔아야 하는 게 또 지상과제인 거야.

그래서 출판이 어렵다고들 하지. 네 프러포즈가 성공하기 힘든 이유이기도 하고. 애써 공들여 만든 책들이 반품되면 가슴이 쓰리지. 독자들에게 외면당한 거니까 너도 슬프겠지. 열심히 원고를 썼는데, 작품이라고 출판을 했는데 모두가 거들떠보지도 않으니까 말이야. 아무도 널 알아주지도 않고.

그런데 나는 네 처지와는 또 다르게 돈이 나가는 일이니, 슬픔을 넘어 위기감을 느끼지. 이쯤되면 프러포즈를 받아들이는 게 얼마나 큰 용기가 필요한 일인지 이제 너도 알 거야.

✱ 언론 마케팅과 서평 이벤트

＿＿＿ 아무도 몰라주는 너를 홍보하기 위해서 나는 또 많은 일을 하지. 일단 보도자료와 책을 언론 홍보 대행업체인 여산통신을 통해 방송국 담당자들과 신문사, 잡지사 기자들에게 보내. 그리고 서평 이벤트를 해당 인터넷 카페 담당자를 통해 진행하지.

나는 한두 군데 정도 10명씩 서평 이벤트를 신청하는데, 홍보의 목적도 있겠지만 책의 피드백을 위해서 하는 이유도 있어. 서평을 보면 독자들의 반응을 구체적으로 점검해 볼 수 있거든. 다음 책을 작업할 때 참고 자료로 활용하기도 하고 말이야.

이제 여산통신을 통해 보도자료가 언론에 배포되면 약 일주일 내로 기사들이 올라오기 시작해. 여담이지만, 나는 이 언론홍보 대행업체인 여산통신을 거의 이십 년 가까이 거래하고 있어. 내가 출판사를 운영하기 전부터, 그러니까 다른 출판사 직원일 때부터 여산통신만 계속 거래했거든. 내가 회사를 옮길 때마다 나는 이곳을 언론홍보 대행 파트너로 정했어. 왜냐하면 그 당시 제일 신뢰가 가고 안정적으로 잘 진행해줬기 때문이지.

한번 신뢰가 형성되면 특별한 일이 없는 한, 거래처를 잘 바꾸지 않는 내 업무 스타일이 한몫하기도 했어. 나는 거래처나 뭐든지 처음 선택할 때는 아주 신중하게 여러 가지를 탐색하지만, 일단 그 검증 과정이 끝난 후에는 잘 바꾸질 않아. 이건 물건도, 사람도 마찬가지야.

내가 사용하는 세탁 또는 주방세제나 생수나 치약, 칫솔, 비누 등 생활용품 브랜드뿐만 아니라, 미용실, 식료품점, 안경점, 등등 최소 10년이 다 넘었어. 대부분 20년이 다 되어가지. 그만큼 나는 안정적인 시스템을 구축하는 걸 좋아하고 편하게 생각해. 다른 건 아무것도 신경 쓰지 않고, 오직 책 만드는 데만 몰두하려면 생활환경과 작업환경이 안정적 시스템 위에 있어야 하거든.

지금은 이런 시스템이 안정적으로 잘 구축이 된 상태라, 요즘 나는 책 만드는 것에만 집중해서 더 능률이 오르는 편이야. 이번 책을 쓰면서 느끼는 건데, 그 어느 때보다도 글쓰기가 수월하다는 거지. 이젠 책을 만드는 일뿐만 아니라, 글 쓰는 일도 숨 쉬는 것만큼 자연스러워진 것 같아. 이게 다 '시간의 힘'이겠지?

자, 그럼 이제 너의 책들이 얼마나 기사로 나올지 이야기해볼게. 난 여산통신에 보도자료를 배포한 이후, 네 책이 기사로 올라오는 걸 매일 검색해 보지. 최소 10곳 정도는 올라오는 편이야. 그만큼 많이 배포한다는 이야기지. 난 언론홍보에 많이 의존해. 가진 게 별로 없기에 마케팅비를 많이 책정할 수는 없어서, 광고 등 특수한 경우를 제외하고 보도자료로 승패를 좌우하는 언론홍보가 그나마 내겐 제격이거든.

전문지이긴 하지만, 나도 기자 생활을 이곳저곳에서

했던 영향도 있겠지. 그때 책을 소개하는 기사를 맡기도 했어. 그래서 기자들이 기사를 쓰기 편하게 보도자료를 작성하는 편이거든. 내가 도서 소개 꼭지를 맡은 적이 있기에, '과부 사정은 홀아비가 안다'는 말도 있듯이 맞춤형 보도자료를 쓰는 편이야. 마감 시간이 임박해도 금방 기사로 활용할 수 있게끔. 또, 기사의 필수 요건 중 하나인 '시의성'에 맞는 내용으로 구성하면 그 보도자료는 채택될 확률이 높지.

어쨌든 이런저런 이유로 너의 책 관련 기사는 최소 10곳 정도 인터넷에 올라올 거야. 요즘은 반드시 일간지 언론 매체만 큰 영향력을 발휘하는 것도 아니야. 종이 신문보다는 이제 인터넷으로 다들 기사를 보기 때문에 온라인 영향력은 검색에는 큰 차이가 없어서, 일단 많이 올라오는 게 중요해. 그래야 네 책을 독자들이 검색했을 때 다양하고 많은 기사가 뜨니까 확장력이 생기는 셈이지.

서평 이벤트를 통해 네 책의 서평도 최소 10건 정도는 올라올 거야. 서평이 너무 많을 필요도 없지만, 또 하나도 없다면 독자들이 구매하려고 할 때 애매할 거야. 물론 서평에는 출판사에서 책을 받아서 올리는 서평 이벤트라고 명시하는 때도 있어. 하지만 요즘 이런 종류의 마케팅은 다른 상품에도 흔하니까 독자들도 다 알고 있지. 이제는 서평이나 상품평을 어떤 동기로 올리든, 구매할 때 참고 자료로 활용한다는 걸 묵시적으로 알고 있거든. 그 책이나 상품을 읽거나 사용해보고 올린 자료이니까, 구매할 때 판단의 기준으로는 충분히 가치가 있다는 사실을 말이야.

앞에서도 말한 적 있지만, 서평 이벤트를 통해 올라온 서평도 뼈아픈 이야기가 많이 있을 수 있어. 별점이야 인정상 후하게 준다고 하더라도, 그 내용을 자세히 읽어보면 그렇지. 특히 행간의 의미까지 분석해서 읽으면 귀한 후기를 많이 얻게 돼. 그래서 나는 별점은 후하게 주되, 내용은 사정없이 솔직하게 적어주는 서평을 기다려. 그런 서평이 더 정성이 담겼고, 진정성이 있으니 말이야. 그러니 너와 나는 서평에도 관심을 기울이고 숙독해야 하지. 그래야 앞으로 다른 책을 작업할 때 발전이 있는 법이지. 독자, 소비자의 의견에 귀 기울이지 않으면 생존할 수 없는 법이니까.

물론 그 서평들이 개인적 취향과 수준에 따라 제각각이기도 하지만, 그걸 넘어서 행간을 읽는 지혜를 발휘해야 하겠지. 그중에서 정말 그 개인 독서량의 부족과 무지에 의한 의견은 접고 가더라도, 너와 나는 존중하는 마음을 갖고 세심하게 서평들을 챙겨야 해. 전혀 다른 각도에서 얻는 정보와 교훈도 있으니까 말이야.

✱ '좋은 책'과 '잘 팔리는 책'의 괴리감, 그 판매 실적

____사랑하는 자기야. 이제 가장 예민하고 아픈 이야기를 해야 할 때가 되었네. 바로 판매 실적에 관한 이야기야. 다양한 홍보 채널을 통해 너의 책을 알리고 나면 그 판매 결과만 남는 거지. 네가 유명인사도 아니고, 연예인도 아니고, 스타도 아니고, 인지도 없이 그냥 평범한 사람이라면 판매 결과는 거의 불 보듯 뻔해.

우리나라 출판 시장은 좀 기형적이지. 미국이나 유럽

같은 외국의 경우에는 독자들의 다양한 독서 취향이 있어서 그나마 골고루 자잘하게 팔리는 반면, 우리는 베스트셀러에만 집중되는 측면이 있지. 책뿐만 아니라, 영화 시장도 그렇잖아. 남들이 다들 보는 영화만 보잖아. 그래서 우리나라에서 문화사업을 하거나 출판하는 게 더 힘든 셈이지. 내가 늘 자주 비유하는 거지만, 이 시대에 출판을 한다는 건 일제강점기 때 독립운동하는 처절함이 있다고 할까. 그때는 독립자금이라도 푼푼이 모아서 보내주는 인정도 있었지만, 출판사에는 그런 후원금도 없는 게 현실이야.

자, 우리는 정말 공을 들여 책을 잘 만들었어. 그래서 도서관 사서들이 그 가치를 알아보고 추천도서로 선정할 수도 있어. 그렇지만 그래도 책은 판매가 잘 안 돼. 우리나라 국민의 독서량이 크게 떨어지고, 볼거리가 많아서 출판 시장이 점점 더 열악해지는 것도 한몫하는 거겠지.

앞에서도 말했지만, 자기 취향이 별로 없어서 유명한 책만 찾아 나서는 이유도 크지. 그게 네가 책을 내고 맞닥뜨릴 현실이야. 또 모르지. 네가 정말 발이 넓고 인맥

관리를 잘해와서 SNS로 홍보를 열심히 하면 1쇄 정도는 나갈 수 있을지도. 참고로, 나는 1쇄를 보통 2천 부 정도 찍는 편이야. 예전에 출판 시장이 좋을 때는 작은 출판사도 기본으로 1쇄를 3천 부는 인쇄했고, 한두 달이면 다 나가곤 했지. 하지만 '아, 옛날이여!' 이 노래를 불러야 할 판. 요즘은 어림도 없어. 1쇄를 1천 부만 찍는 데도 많을 거야.

사실, 1쇄 나가기도 힘들지. 그래서 너의 책을 만들기보다는 번역물을 만드는 게 2쇄, 3쇄를 가능하게 하지. 그게 쉬운 길이긴 해. 하지만 더 의미가 있는 건 새로운 국내 창작물을 기획하고 만드는 거지. 그러나 너의 책은 1쇄가 다 나가는 것도 무척 힘이 드는 일이지. 게다가 한두 달 안에 1쇄가 소진되지 않고, 일 년 내내 질질 끌면서 나간다면 1쇄가 다 나간다고 해도 별로 도움이 안 돼. 제작비도 바로바로 충당이 안 되지. 이런 일이 반복되면 출판하기 힘들어지거든.

그러니 너와 내가 얼마나 도박 같은 일에 매달리는지 이젠 알겠지? 그래도 도서관 추천도서라도 되면 도서관

등에서 구매가 이뤄지기에 1쇄 정도는 천천히라도 다 팔 수는 있어. 전혀 안 팔리는 것보다는 이렇게라도 파는 게 낫겠지.

출판사 입장에선 연달아 계속 1쇄도 못 팔면 정말 힘들어지는 거야. 야구로 치면 한두 번 땅볼을 던지다가 세 번째는 스트라이크도 한 번은 나와줘야 그나마 연명해나 갈 수 있다는 이야기지. 그렇지만 출판의 로또인 베스트셀러를 기대하면서 계속 앞으로 나아가는 거야. 예전 같지 않아서 이젠 베스트셀러도 어지간해선 작은 출판사에선 실수로도 잘 안 나오고, 그 수익도 그리 보장되지 않지만 말이야.

그래도 금광을 캐듯이 계속 포기하지 않고 앞으로 나아가야 해. 그 방법밖에 없잖아, 안 그래? 좋아하는 일이고, 그래도 제일 잘하는 일이고, 열정을 쏟을 만한 가치 있는 일이니까.

최근에 내가 채널 A에서 〈우리 생애의 나날들〉이라는 퀸의 다큐멘터리를 본 적이 있어. 한동안 〈보헤미안 랩소디〉로 우리나라 영화판을 뒤흔들어 놓았던 바로 그 전설적인 그룹, 퀸 말이야. 내가 청소년일 무렵 퀸이 유행을 했던 적이 있었는데, 나는 그 당시 별로 관심이 없어서 사실 자세히는 잘 몰랐어. 물론 노래는 좀 알고 있었지만. 그런데 이번에 〈보헤미안 랩소디〉 영화가 워낙 화제가 되면서 영화를 통해 알게 되었지.

하지만 영화를 보면서 개인적으로는 꽤 실망했어. 내가 들어왔던 퀸의 노래는 사실 좋았는데, 영화를 보면서 프레디 머큐리 등 퀸 멤버를 연기하는 영화배우들이 오히려 퀸에 대한 환상을 깨게 했거든. 나는 노래만 들었지, 그 얼굴은 사실 잘 몰랐거든. 그런데 영화에 나오는 퀸의 대역들은 전혀 매력적이지 않았고, 카리스마도 없었어.

그만큼 전설적인 밴드라면 틀림없이 대중을 끄는 매력이 뭔가 있었을 텐데, 이렇게 생각하면서 내심 퀸의 실제 공연 모습이나 다큐멘터리를 봤으면 싶었지. 그러나 내가 퀸의 팬도 아니고 해서 일부러 찾아보진 못했어. 그러던 중, BBC Two에서 방송된 적이 있었던, 퀸 결성 40주년 기념 다큐멘터리인 〈우리 생애의 나날들〉을 우연히 보게 된 거야. 나중에 알게 됐지만, 국내에서는 최초로 방영된 다큐멘터리라고 하네.

정말 잘 본 것 같아. 영화에서 보았던 프레디 머큐리는 보는 내내 적응이 안 되었거든. 다른 멤버도 너무 가볍고 얄팍한 느낌이라 전설적인 밴드의 위엄이 전달되지 않아서 영화를 보는 내내 고역이었어. 공감이 안 되더라고. 영화 자체로 봐도 완성도 면에서 작품성이 그다지 없어서, 내가 이걸 왜 보고 있을까 하는 생각을 줄곧 하곤 했지.

그런데 이번 다큐멘터리를 통해 본 퀸은 정말 대단한 카리스마를 풍기고 있더군. 프레디도 왜 인기가 있었는지, 노래뿐만 아니라 그 모습이 정말 환상적이었어. 그렇게 강렬한 느낌을 주는 사람을 그리 자주 본 적이 없거든. 뭔가 정말 강하게 압도하는 에너지가 있더군. 영화만 봤더라면 도저히 알 수 없었던 거야. 게다가 다른 멤버도 매력적이고 지적인 이미지라 프레디와 묘하게 상반되는 카리스마를 갖고 있었어.

이 이야기를 왜 하느냐 하면, 정말 대중들의 인기를 끌려면 내면에서 폭발하는 뭔가가 있어야 한다는 생각이 들었거든. 노래든, 영화든, 그게 책이든 말이야. 하지만 너와 내가 실망할 필요는 없어. 이 다큐멘터리를 통해서 알게 됐는데, 퀸도 금방 뜬 것이 아니었어. 무려 8년이나 고생을 했더군. 대중에게 알려지는 노력을 8년이나 한 거야. 그동안 거래처에 빚도 지고, 좁은 집에서 고생하고 그렇게 힘든 시기를 겪었던 거지. 8년? 믿어지니? 이렇게 전설적인 밴드인 퀸이 말이야. 하마터면 퀸도 전설이 되기 전에 해체될 뻔했던 거지.

너와 나도 너무 일찍 절망하진 말자. 우리가 만드는 책이 아직 베스트셀러가 되지 않았다고 해서, 많은 사람이 읽어주지 않는다고 해서 그만두면 안 돼. 포기하지 않고 좋은 책을 만들다 보면 우리도 베스트셀러를 내지 말라는 법도 없잖아. 그게 아무리 어려운 일이고, 흔한 일이 아니라고 할지라도 말이야.

프레디도 퀸으로 성공하지 못했으면 그저 노동자로 끝냈을 삶일지도 모르지. 그런데 운명이 있는 것 같아. 내면에 그만큼 끓어오르는 창조적 에너지를 품고 있으면 언젠가는 큰일을 이룰 수 있는 법이지. 될 사람은 언제라도 반드시 되고 마는 게 인생의 순리가 아닐까. 프레디에게는 정말 주체할 수 없는 끼가 있었고, 비범한 재능이 있었고, 그게 결국은 발현된 거지. 드디어 세상 사람들이 그걸 알아차린 것이고, 퀸이 전설로 남을 수 있었던 거지.

사랑하는 네게 나는 말하고 싶어. 좋은 책과 잘 팔리는 책이 현실적으로 괴리가 있다고 하더라도 우리, 멈추지 말자. 그냥 계속 좋은 책을 만들기 위해 밀고 나가자. 물론 나도 소싯적에는 대박은 아니더라도 중박에 가까운 소박 정도까지는 만든 적도 있어. 그러나 그건 호황 때 일이지. 지금은 출판계의 불황뿐만 아니라, 나라 전체가 불황인걸. 게다가 앞으로도 출판계는 지금보다 나아질 것 같지는 않아.

하지만 설사 우리가 앞으로 베스트셀러를 못 낸다고 하더라도, 너와 내가 만든 좋은 책들이 우리나라 곳곳의 도서관으로 흘러 들어가서 자라나는 우리 청소년들이 볼 수 있을 거야. 너와 나의 책들이 그들의 마음의 양식이 되고, 정신적 자양분이 되겠지. 그러니까 우리, 그냥 한 방향만 바라보고 열심히 책을 만들자.

사랑하는 나의 자기야. 너를 만나고, 운명을 느껴서 더 좋은 책을 만들고 싶어. 더 의미 있고, 가치 있는 책을 만들고 싶어. 너의 소중한 동반자가 되어줄게. 우리에겐 꿈이 있잖아. '좋은 책'과 '잘 팔리는 책'이 같은 선에 있을 수 있도록, 한배를 탄 동지로서 같은 길을 걸어가는 거야.

헛꿈이라도 꾸자!

자기야, 원고를 보내기 전에 단장해야 할 것들에 대해 이제까지 내가 많이 이야기해주었지? 그중에서 가장 중요한 게 뭔지 아니? 아직 내가 말 안 했는데, 이제부터 말하려고 해. 바로 네 마음가짐을 단장해야 해. 그게 제일 중요해.

그런데 자기야. 내가 제일 좋아하는 이솝우화가 뭔지 알아? 이제 이야기해줄 테니, 잘 들어봐. 어느 날 개미가 말이야. 먹이를 입에 물고 길을 가고 있었지. 종일 일한 탓에 지쳐 있었지만, 그날 구한 먹이를 힘들게 질질 끌고 가던 중이었어. 그런데 길가에 누에고치가 누워 있는 거야. 거의 꼼짝도 못 하고 가만히 있는 거야. 큰 움직임 없이 꼬물꼬물하는 거지. 그걸 본 개미가 혼잣말을 했어.

'쯧쯧, 저러고도 살고 싶을까. 참 한심한 인생이야. 그에 비하면 나는 얼마나 대단한가. 이렇게 큰 먹이를 끌고 집으로 가고 있으니 말이야.'

개미는 무능력한 누에고치를 비웃으면서 자기 갈 길을 가버렸어.

그러고 나서 약 일주일 뒤에 개미는 다시 그 길을 지나가게 되었지. 개미는 그날도 종일 먹이를 구하러 다니느라 지쳐 있었어. 그런데 바로 그 순간, 하늘 높이 너무나 화려하고 아름다운 나비 한 마리가 날아오르는 거야. 눈부시게 새파란 하늘 위로 말이지. 개미는 힘들게 가던 길을 멈추고, 그 모습을 한참 동안 바라보았지. 그리고 감탄에 차서 이렇게 말했어.

"참 아름다운 모습이네요. 존경스럽습니다. 당신의 화려한 날개가 너무 부럽네요. 그에 비하면 제 모습은 정말이지 참담해요. 답답한 이 땅에서만 이렇게 살아야 하다

니. 하늘을 마음대로 훨훨 날아다니는 당신의 그 자유로
움이 너무 부럽네요."

이 말을 듣자, 나비는 상냥한 목소리로 대답했지.

"개미님! 어머, 저를 몰라보시는군요. 얼마 전에도 이
길을 지나가면서 저를 보셨잖아요. 거기 개미님 앞에 있
는, 제가 방금 벗고 나온 빈껍데기는 개미님이 갖고 가서
도 좋아요. 이제 제겐 필요 없거든요."

개미는 이 말을 듣고 갑자기 멍해졌지. 한 방 얻어맞
은 느낌이었어. 지난번에 자기가 그렇게도 불쌍하다고
비웃어주었던 바로 그 누에고치가 이 아름다운 날개를
가진 나비라니 말이야. 개미는 그 대답을 듣고는 고개를
폭 숙여버렸어. 나비는 아름다운 날개를 햇살에 반짝이
면서 멀리 날아가 버렸지.

✱ 드리머의 운명 앞에서

____ 어때? 한 번쯤은 들어본 적이 있는 이 솝우화지? 난 이 이야기를 제일 좋아해. '꿈'이 있는 사람을 평범한 사람이 비웃는 우리네 인생 모습과 많이 닮지 않았니? 신념을 갖고 자신의 꿈을 향해 달려가는 사람들을 보통 사람들은 "헛꿈 꾸지 마!"라고 비웃으면서 조롱하지. 그러나 그들은 이 이솝우화에 나오는 개미 같은 존재들이야. 또 성공한 모습을 보면 그 앞에 고개를 숙이지.

그러니, 자기야. 네가 꿈꾸는 꿈을 포기하지 마. 남들이 설혹 비웃는다고 하더라도. 네가 베스트셀러 작가가 되고 싶은 꿈이 있다면 당당히 그 꿈을 이야기하고 포기하지 마. 남들이 네 인생을 대신 살아주는 것도 아니잖아.

이 이솝우화처럼 미래는 알 수 없는 법이지. 다른 사람의 잣대를 네게 갖다 대지 마. 그들은 그냥 개미처럼 그들의 삶을 살라고 하고, 넌 너의 갈 길을 나비처럼 가면 돼. 비록 누에고치로 지내는 시간이 길더라도 참고 버

텨야지. 그럴 강단이 없으면 포기하고. 이 이솝우화에서도 누에고치는 개미가 지나가면서 비웃어도 아무 소리도 안 했어. 그리고 나비가 되어서도 개미를 탓하지 않았지.

이게 니체가 말한 '강자의 도덕'이야. 자기 자신이 세상의 주체가 되는 인생 철학인 거지. 하지만 개미는 중심이 없어. 다른 사람의 기준에 따라 살지. 때로는 개미는 또 '정신승리'로 스스로를 위로하지. 집으로 돌아가면서 그래도 땅이 더 낫다고 자기 위안을 삼을 수도 있어. 마치 이솝우화에 나오는 '신포도와 여우'의 이야기와 같고, 니체가 말한 '약자의 도덕'인 셈이지. 강자로 살 것인지, 약자로 살 것인지 그건 네가 결정해. 누에고치에서 끝나는 인생이 되더라도 후회 없이 살려면 네 꿈을 좇아. 태양을 향해 날아오르는 이카루스처럼 자신의 꿈을 향해 날아오르는 거야. 비록 그 태양에 밀랍으로 만든 날개가 녹아서 추락한다고 할지라도 말이야.

내가 앞에서 수없이 너를 채근하고 가끔 독설을 날렸

다고 해서 설마 포기하려는 건 아니지? 네가 원고로 프러포즈해서 성공할 확률을 높이기 위해 내가 이 한 몸 살신성인하는 심정으로 이 글을 쓰고 있어. 내가 이제까지 20여 년 동안 품어왔던 이야기를 널 위해 내놓는 거지.

꿈을 포기하지 마. 네가 그 꿈에 대해 확신이 있고 신념이 있다면, 남들이 뭐라고 하든 넌 너의 갈 길을 가는 거지. 넌 개미가 아니라, 나비가 되어 날아오르는 거야. 여담이지만, 그러고 보면 '나비'와 관련된 비유는 참 많은 것 같아. 장자의 '나비의 꿈' 비유도 그렇고, 영화 〈M. 버터플라이〉도 아주 강렬한 비유이고. 그만큼 나비가 신비로운 느낌을 주기 때문이겠지. 전혀 다른 존재로 변하니까 말이야.

우리, 헛꿈이라도 꾸자. 그 꿈이 남에겐 헛꿈일지 모르지만, 우리에겐 현실이 되는 그날까지 인내하는 거야. 개미들이 어떤 소리로 쫏쫏거리며 지나가더라도 우리는 가야 해. 그게 드리머(Dreamer)들의 운명일지도 모르니까.

마지막 리브레터, 우리 만날 때까지

아침에 일어나면 맨 먼저 널 생각하고, 잠자리에 들 때까지 종일 널 그리워하지. 꿈에서도 널 찾아서 떠나곤 해. 우리 언젠가는 만날 수 있겠지? 너와 나는 아주 질긴 인연의 끈으로 묶여 있다는 걸 난 운명의 바람 소리를 들으면서 알고 있지.

우리 만나는 날, 하늘에선 눈이 올까? 아니면 꽃비가 내릴까? 또는 햇볕이 유난히 뜨거운 여름날, 땀이 비 오듯 흐르고 있을까? 언제인지는 모르지만, 우리가 운명적으로 만나는 그날, 너와 나는 '우리의 책'을 함께 작업하겠지. 네 책을 꼭 출판하고 싶어.

어느 날, 어느 계절에 네가 나의 눈앞에 나타날까. 아니면 네 등 뒤에 내가 우연히 서 있을까. 길을 가다가 널 만나기라도 한다면 어떨까. 어떻게든 우리의 인연은 이어지겠지. 운명의 수레바퀴가 한 바퀴 돈 다음에야 널 만날 수 있을까. 아니, 어쩌면 올해 널 만날 수 있지 않을까.

'상품'이 아니라, '작품'을 만들어 보자. 출판이란 게, 책이란 게 참 여러 가지 의미가 될 수 있지. 누군가에겐 '꿈', 또 누군가에겐 '작품', 그리고 다른 누군가에겐 그냥 '상품'일 수도. 너와 내겐 출판과 책이 '꿈'이고, '작품'일 수 있길. 그러기 위해 우리는 만나고, 서로 같은 곳을 향해 함께 나아가는 거겠지.

사랑해. 나는 책을 사랑하고, 그 책을 사랑하는 너를 정말 사랑한단다. 네가 있어서 세상이 아름다운 것 같아. 네가 있어서 내가 책을 만들고, 더 열심히 달려갈 수 있게 되었어. '책'이라는 우리의 공통분모, 내가 책을 만드는 사람이라서 얼마나 다행스러운지 몰라. 너의 관심을 조금이라도 끌 수 있으니 말이야.

이게 마지막 러브레터가 될지도 모르겠어. 아마 그렇 겠지. 우리 만나는 그날까지 잘 지내. 건강하고. 네가 어디에 있든, 무얼 하든, 누구와 있든, 지구라는 같은 행성에 살고만 있으면 좋아. 언젠가는 만나질 테니까 말이야. 항상 널 생각해. 언제나.

2019년 3월
죽는 날까지, '너'의 조선우

책읽는귀족 도서 목록

(2019년 3월 기준)

· ·

01 멘토를 읽다 : 에세이(마광수 지음)
120×186 │ 208쪽 │ 값 12,000원 │ 2012년 9월 10일 발행

02 별것도 아닌 인생이 : 장편소설(마광수 지음)
135×195 │ 544쪽 │ 값 13,800원 │ 2012년 11월 20일 발행

03 모든 것은 슬프게 간다 : 시집(마광수 지음)
128×205 │ 192쪽 │ 값 10,000원 │ 2012년 12월 30일 발행

04 청춘 : 소설(마광수 지음)
135×195 │ 208쪽 │ 값 10,000원 │ 2013년 1월 30일 발행

05 나의 이력서 : 에세이(마광수 지음)
150×220 │ 296쪽 │ 값 13,000원 │ 2013년 3월 20일 발행

06 상상놀이 : 단편소설집(마광수 지음)
135×195 │ 224쪽 │ 값 11,000원 │ 2013년 4월 20일 발행

07 길천사들의 행복 수업 : 에세이(최복자 지음)
150×210 │ 256쪽 │ 값 15,000원 │ 2013년 05월 20일 발행

08 육체의 민주화 선언 : 인문(마광수 지음)
150×220 │ 248쪽 │ 값 13,000원 │ 2013년 5월 30일 발행

09 2013 즐거운 사라 : 소설(마광수 지음)
135×195 │ 200쪽 │ 값 11,000원 │ 2013년 6월 30일 발행

10 고딩 정원이의 미국 생활 생생 다이어리 : 청소년(최정원 지음)
150×210 │ 208쪽 │ 값 13,000원 │ 2013년 8월 30일 발행

52 우리가 인생에서 놓치지 말아야 할 것들 : 에세이
(전인기, 전주영 지음)
150×210 | 216쪽 | 값 12,000원 | 2018년 8월 6일 발행

53 다시 들려준 이야기 : 영미 소설(나다니엘 호손 지음 / 윤경미 옮김)
150×210 | 240쪽 | 값 13,000원 | 2018년 9월 20일 발행

54 휴식의 철학 : 인문(애니 페이슨 콜 지음 / 김지은 옮김)
150×210 | 320쪽 | 값 16,000원 | 2018년 12월 4일 발행

55 우리 신화로 풀어보는 글쓰기 : 인문(최성철 지음)
150×210 | 424쪽 | 값 20,000원 | 2019년 1월 2일 발행

56 우울해도 괜찮아 : 에세이(문성철 지음)
128×188 | 240쪽 | 값 12,000원 | 2019년 2월 15일 발행

57 출판하고 싶은 너에게 : 인문(조선우 지음)
128×188 | 288쪽 | 값 15,000원 | 2019년 4월 16일 발행

책읽는귀족 유튜브(YouTube) 채널 오픈!

유튜브 채널 ▶ 에서 '북소믈리에와 함께하는 책 이야기'로
책읽는귀족의 책들을 만나 보세요!

- 책읽는귀족의 책들을 직접 기획하고 편집한 『우리는 어떻게 북소믈리에가 될까』의 저자,
  조선우 북소믈리에가 들려주는 생생한 편집후기와 독서에 관한 이야기

- 『발칙한 꿈해몽』의 저자가 말하는 예지몽과 꿈해몽의 3가지 법칙 등에 관한 꿈 이야기들

- 『서양철학사와 함께하는 패턴 인식 독서법』의 저자가 말하는 글쓰기, 롯데백화점(일산
  점) 문화센터에서 강의했던 글쓰기에 대한 알짜 정보를 유튜브에서 만나다

다음(daum)에서 책읽는귀족으로 검색하면 유튜브 동영상이 검색됩
니다. 또는 책 제목으로 검색하세요.

바로 가기를 원하시면
책읽는귀족 홈페이지(http://noblewithbooks.com), 또는 책읽는귀족 네이버 카페에서
'북소믈리에와 함께하는 책 이야기' 유튜브 채널 링크를 만나보세요.

출판하고 싶은
너에게

//

초 판 1쇄 인쇄 | 2019년 4월 4일
초 판 1쇄 발행 | 2019년 4월 16일

지은이 | 조선우
펴낸이 | 조선우 • 펴낸곳 | 책읽는귀족

등록 | 2012년 2월 17일 제396-2012-000041호
주소 | 경기도 고양시 일산서구 대산로 123, 현대프라자 342호(주엽동, K일산비즈니스센터)

전화 | 031-944-6907 • 팩스 | 031-944-6908
홈페이지 | www.noblewithbooks.com
E-mail | idea444@naver.com

출판 기획 | 조선우 • 책임 편집 | 조선우
표지 & 본문 디자인 | twoesdesign

값 15,000원
ISBN 978-89-97863-97-6 (03190)

//

이 도서의 국립중앙도서관 출판예정도서목록(CIP)은
서지정보유통지원시스템 홈페이지(http://seoji.nl.go.kr)와
국가자료공동목록시스템(http://www.nl.go.kr/kolisnet)에서
이용하실 수 있습니다.
(CIP제어번호: CIP2019009998)